129

Les compagnons du ciel

Catalogage avant publication de Bibliothèque et Archives Canada

Gaboury, Placide

   Les compagnons du ciel

   (Collection Spiritualité)

   ISBN 2-7640-1038-9

   1. Immortalité. 2. Vie future. 3. Vie spirituelle. I. Titre. II. Collection.

LES ÉDITIONS QUEBECOR
Une division de Éditions Quebecor Média inc.
7, chemin Bates
Outremont (Québec)
H2V 4V7
Tél.: (514) 270-1746
www.quebecoreditions.com

© 2006, Les Éditions Quebecor
Bibliothèque et Archives Canada

Éditeur: Jacques Simard
Conception de la couverture: Bernard Langlois
Illustration de la couverture: Jose Ortega / Image.com / Corbis
Infographie: Andréa Joseph [PageXpress]

Nous reconnaissons l'aide financière du gouvernement du Canada par
l'entremise du Programme d'aide au développement de l'Industrie de
l'édition (PADIÉ) pour nos activités d'édition.

Gouvernement du Québec – Programme de crédit d'impôt pour l'édition de
livres – Gestion SODEC.

Imprimé au Canada

Placide Gaboury

Les compagnons du ciel

LES ÉDITIONS
Quebecor
QUEBECOR MEDIA

INTRODUCTION

Mon ouverture à l'invisible

Ce n'est pas d'hier que je poursuis des recherches sur le monde invisible. Tout a commencé vers 1972, au moment où je lisais les *Communications avec l'au-delà* de Rosemary Brown[1].

Ce fut un véritable choc : toutes les faussetés qu'enseignait la religion sur la mort et l'après-vie s'envolaient d'un seul coup. L'auteure, une femme de ménage anglaise, recevait depuis quelques années des messages de certaines entités célèbres – des messages tout à fait particuliers, bien sûr, puisqu'il s'agissait de pièces de musique dictées par un groupe de compositeurs réuni sous la baguette de Franz Liszt ! Ces êtres de lumière voulaient démontrer aux habitants de la terre que l'on ne meurt pas et que les liens continuent d'exister entre leur monde et le nôtre. Or, pour transmettre leur musique, ces musiciens (incluant surtout Schubert, Beethoven, Chopin, Brahms et Liszt) avaient choisi non pas une musicienne accomplie, mais une personne assez peu douée. Car ce qui les intéressait avant tout, c'était que Rosemary soit à la fois clairvoyante et médium ! En effet, elle pouvait voir Liszt et Schubert causant pendant

---

1. Paris, *J'ai lu*, 1972.

qu'elle faisait ses courses au marché. Toutefois, si les morceaux dictés étaient valables en eux-mêmes, ils n'étaient pas des créations majeures, car le but de ces entités n'était pas de faire avancer l'art musical, mais bien de convaincre les humains de leur survivance et de leur capacité de communiquer avec la terre[2].

Les séances de dictée musicale étaient de vrais exploits : Mme Brown devait transcrire sur une feuille de musique les notes qu'on lui désignait mentalement. C'était d'ailleurs son manque de talent qui montrait justement que ces œuvres, marquées du style de chaque compositeur, ne pouvaient de toute évidence venir d'une seule personne, surtout pas d'elle[3].

Cette expérience m'a lancé à coup sûr dans une recherche passionnée de tout ce qui touche à l'âme – les voyages hors du corps, les étapes du décès, les conditions de l'au-delà et, finalement, les contacts avec les êtres de lumière. Je dévorais les ouvrages de la grande pionnière que fut Elisabeth Kübler Ross, et de ceux qu'elle a attirés dans son sillage – Raymond Moody, Michael Sabom, Kenneth Ring, Michael Newton et Ian Stevenson, le spécialiste de la réincarnation.

---

2. Cette musique a tout de même mérité d'être enregistrée par la compagnie Philips (6500 049). Sur une face du disque, Rosemary joue quelques pièces assez gauchement, et sur l'autre, c'est un pianiste britannique réputé de l'époque, Peter Katin, qui interprète les plus importantes. J'ai moi-même présenté en récital un impromptu de Schubert qui valait bien ceux qu'il avait créés sur terre.
3. Les critiques suivants ont reconnu que le style des pièces était bien celui des compositeurs indiqués : Humphrey Searle (spécialiste de Liszt) ; Pr Ian Parott, Dr Lloyd Wepper et Mary Firth (spécialiste de Schubert) ; Dr Hanz Gal (spécialiste de Chopin) ; Richard Rodney Bennett (spécialiste de Debussy) ; et, finalement, le compositeur-pianiste-chef d'orchestre Leonard Bernstein qui, en jouant une des pièces de Chopin, reconnaissait que c'était le plus beau thème jamais créé par ce compositeur !

Rencontre avec la première médium

Mais ce n'est que six ans plus tard, en 1978, que j'ai pu, avec l'aide d'une médium, contacter ceux du monde invisible. Voici comment cela s'est passé. Chaque lundi je donnais une conférence boulevard Saint-Laurent à Montréal. Ces conférences étaient organisées par une dame Paquin que je connaissais bien[4]. Or, un jour, après la conférence, cette dame pourtant si pratique et si bien incarnée, me dit tout bonnement: «Tu es accompagné d'un être de lumière qui se tient à ta droite!» J'étais pris au dépourvu, n'ayant eu jusqu'ici qu'une connaissance cérébrale de ces choses. Le week-end suivant, alors que j'animais un séminaire à Québec, un jeune couple m'aborde durant un des entractes pour me dire qu'il y avait un être de lumière à mes côtés! J'étais vraiment intrigué: me faire dire cela deux fois dans une même semaine, c'était pour le moins étonnant! J'avais donc hâte au lundi suivant et me demandais si la chose se répéterait. «Eh bien oui, fit mon amie, il est toujours là, et il est plein de joie et d'énergie!»

Comme je n'avais aucune idée qui cela pouvait être, je lui ai demandé à quoi il ressemblait. Elle regarda quelques photos rangées sur son bureau et m'en indiqua une: «L'entité ressemble à ce monsieur, à quelques détails près.» Je me suis dit: «Tiens, mais c'est peut-être mon ancien guide spirituel, celui que j'avais connu pendant mes études au collège de Saint-Boniface et qui m'avait accompagné tout au long de ma

---

4. Il faut en effet s'assurer que le médium en question est valable, qu'il a de l'expérience et qu'il a «les deux pieds sur terre». Cela suppose donc que l'on prenne son temps avant de s'engager. Il faudra, par exemple, se montrer prudent devant quelqu'un qui, dans la vie ordinaire, manque de jugement, de modestie ou d'esprit pratique. Ce n'est donc pas facile de trouver un médium satisfaisant, et j'ai été en ce sens très privilégié, c'est-à-dire bien guidé. Mais comme dans tout autre domaine où le discernement est capital, la médiumnité et la clairvoyance doivent toujours être abordées avec un esprit critique.

formation de jésuite!» Par conséquent, le lundi suivant, j'apporte une photo de celui que j'appelais encore à l'époque le père Lucien Hardy, et sans hésiter, elle me dit : «C'est bien lui.»

Ainsi commencèrent mes rencontres – appelées «séances» – avec celui qui avait veillé à mon éducation. Celles-ci se déroulent habituellement en présence d'un médium – c'est-à-dire quelqu'un qui peut recevoir des messages de l'au-delà et les communiquer aux gens d'ici. Les messages peuvent être reçus alors que le médium est éveillé, mais celui-ci peut aussi entrer en transe profonde – une sorte de sommeil –, pendant laquelle l'entité s'exprime en utilisant la voix du médium. Or, dans le cas de Mme Paquin, il s'agissait bien d'une transe profonde.

Nous étions plusieurs à participer à ces séances, parfois même une dizaine, ce qui prolongeait la rencontre fort tard dans la nuit. Seules deux entités parlaient à travers la médium. Quant à moi, je ne conversais qu'avec mon mentor d'autrefois, qui me disait avoir été nommé par les êtres de lumière pour m'accompagner exclusivement – ce que, du reste, il ferait avec joie jusqu'à la fin de ma vie.

Vous allez peut-être penser que j'acceptais naïvement tout ce qui était communiqué à travers la médium, sans me poser de questions? Eh bien, détrompez-vous! Il m'a fallu huit années d'interrogations, de doutes et de tentatives d'explication, avant que mon scepticisme soit complètement balayé. Plusieurs rencontres étaient des plus convaincantes, mais il y planait toujours des doutes sur certains détails. Car ma formation intellectuelle et mon esprit naturellement critique me faisaient dire que c'était soit l'inconscient de la médium qui inventait ces choses, soit mon propre inconscient, ou encore qu'il s'agissait de mémoires occultées. Mais un événement allait changer tout cela.

Lors d'une rencontre au cours de 1986, mon instructeur invisible m'a rappelé un événement dont nous avions été tous deux témoins pendant les vacances de 1956, alors que nous préparions nos cours d'automne – j'étais à l'époque professeur avec lui, après avoir été son élève. Cet événement demeuré secret eut lieu pendant que nous causions dans la cour du collège. Comme j'avais oublié tout cela, c'est mon instructeur qui me l'a rappelé avec force détails. Personne d'autre que lui ne pouvait savoir ce que nous avions vécu – ni la médium qui était inconsciente, ni moi-même qui l'avais oublié. C'est ainsi qu'après huit années de contacts, j'ai reçu la confirmation que j'attendais : il s'agissait bien de mon ancien maître Lucien.

Le rôle de médium

Comme je l'ai déjà indiqué dans *Le pays d'après : dialogues dans la lumière* (Éditions Quebecor, 2003), les communications entre l'au-delà et nous peuvent se faire de diverses façons : des gens peuvent voir un parent leur apparaître en plein jour, tel qu'il était sur terre, pour leur dire son bonheur et son amour. D'autres vont recevoir soit des messages en rêve, soit des intuitions, soit des images. Enfin, il y aura les coïncidences inexplicables : on entendra à la radio la mélodie préférée de sa mère au moment même où on pense à elle. Cependant, dans un tout autre registre, il existe des personnes particulièrement douées qui verront clairement le monde invisible – d'où le mot « clairvoyance » –, alors que d'autres pourront entendre les messages de l'au-delà – ce qui s'appelle la « clairaudience ». Ces personnes qui communiquent des messages venus du pays d'après s'appellent, bien sûr, « médiums », du fait qu'elles servent de « médiateurs » entre les esprits et la terre. Le médium est habituellement instruit par un guide qui est en même temps son protecteur ; cela lui permet de circuler d'un monde à l'autre sans être harcelé par des entités négatives. Et ce guide sera habituellement un être qui a vécu sur terre et dont on peut vérifier l'authenticité.

Le rôle du médium était naguère dévolu au chaman, un personnage clé qui, dans les anciens peuples sibériens, mongols et celtiques, assurait la continuité entre les ancêtres et leurs héritiers, autrement dit, entre le ciel et la terre. Même aujourd'hui on peut encore rencontrer ces chamans-médiums dans certaines tribus amérindiennes, comme je l'ai fait chez les Ojibways pendant mon séjour de 12 ans en Ontario.

Les leçons reçues de l'au-delà

Ces contacts avec les « âmes des disparus » m'ont été extrêmement bienfaisants et instructifs. En fait, je considérais celui qui fut mon instructeur sur terre comme celui qui allait désormais m'instruire sur le monde de l'au-delà, les mystères de nos destins ainsi que la grande communion des êtres. Pendant ces 25 annéess de séances semi-annuelles chez Mme Paquin, il m'avait en effet appris plusieurs choses que j'estime aujourd'hui essentielles : le fait que les deux mondes – celui des âmes et le nôtre – n'en font qu'un, que les liens se tissent constamment entre les deux, comme entre la trame et la chaîne d'une tapisserie ; que les âmes sont encore plus actives qu'elles ne l'étaient sur terre, contrairement au mythe du « repos éternel ». Il m'a aussi appris que tout ce qui n'est pas ici-bas pardonné, résolu ou réparé – conflits, vengeances, blessures, remords – devra l'être de l'autre côté, puisqu'on ne peut éviter de se rencontrer soi-même ainsi que les personnes connues durant la vie. Mais la fréquentation du monde invisible m'a surtout appris que les âmes sont seules à connaître l'au-delà et à pouvoir en parler sciemment. La religion n'a pu offrir en ce domaine que de pieuses hypothèses basées sur la peur et, de son côté, la science officielle est restée figée dans la croyance qu'il n'y a rien après la mort – sans s'être risquée, bien sûr, à le vérifier[5] !

---

5. Seuls des savants ouverts et courageux ont eu l'audace d'explorer ces

Ma deuxième médium

Après 25 années de services constants et généreux, Mme Paquin, atteinte d'un cancer, a dû suspendre ses activités de médium. Or, au moment où j'apprenais le fait et sans qu'il en soit au courant, un ami que je n'avais pas vu depuis un moment se pointa pour me dire qu'il fallait absolument que je rencontre une personne d'un rare talent. Curieusement, il s'agissait d'une médium! Cela aurait pu me paraître invraisemblable, mais je savais par expérience qu'il n'y a ni hasard ni coïncidence dans les agissements des compagnons du ciel.

On s'est donc donné rendez-vous au restaurant du coin, pour faire connaissance autour d'un repas. Je me suis alors aperçu que Louise, la médium en question, était également très clairvoyante: elle s'était mise à me dévoiler toutes sortes de faits et d'expériences me concernant ainsi que d'autres messages reçus de son guide, qui était nul autre que François d'Assise. (Ces renseignements correspondaient du reste à plusieurs que j'avais reçus de mon instructeur à l'époque de Mme Paquin.)

---

domaines: les pionniers qui ont fondé en 1880 la British Society for Psychical Research, réunissant des savants de la trempe de Sir William Crookes et Camille Flammarion, suivis de la branche américaine dirigée par nul autre que le grand William James. Ces pionniers ont simplement été ignorés ou méprisés par la science officielle, matérialiste et arrogante. Les adeptes de celle-ci refusent toujours d'admettre ce qui n'est pas visible ou prouvable. Leur attitude en ce domaine peut s'exprimer par la phrase « Même si je le voyais, je ne le croirais pas », comme le disaient les adversaires de Galilée devant sa fameuse lunette. Mais si on leur demandait de prouver qu'ils aiment telle ou telle personne, ils seraient bien obligés de reconnaître que les choses les plus importantes ne sont ni visibles ni prouvables. Peut-être qu'il leur serait utile de distinguer entre l'expérience et l'opinion. Car, si on peut toujours réfuter une opinion ou une théorie, devant une expérience vécue, on ne peut que se taire, écouter et… apprendre.

Cette première rencontre avec Louise s'est terminée chez moi. Après quelques minutes de familiarisation avec mon chat, mes tableaux et ma musique, elle est entrée spontanément en transe profonde. Soudain, une voix éclata, puissante et enthousiaste : « Bonjour, les amis ! Je me présente : François d'Assise. Très heureux de manifester ma présence. » J'étais interloqué : en effet, qui me disait que c'était bien lui ? C'est alors que l'entité en question enchaîna comme si elle avait lu ma pensée : « Mais, mon frère, on se connaît depuis lontemps. Nous étions moines ensemble, et moi aussi j'ai eu un père qui m'a mal compris et maltraité. » Ces derniers mots allaient tout éclairer : il s'agissait bien du Francesco Bernardone du XIIIe siècle, expulsé et renié par son père, tout comme moi j'avais été jugé et méprisé par le mien[6].

C'est ainsi qu'allait commencer la seconde série de contacts avec le monde invisible. La première avait duré 25 ans – de 1978 à 2003 –, alors que celle-ci ne faisait que commencer. Malgré sa courte durée, elle était en revanche autrement plus riche que la première – comme si on passait du blanc et noir à la couleur. En effet, alors qu'avec Mme Paquin, je ne conversais qu'avec mon guide, cette fois-ci, j'atteignais qui je voulais, à n'importe quelle époque. Je pouvais, par exemple, inviter Socrate, passer un moment avec Jésus, causer avec des gens du Moyen Âge, des personnages importants du XXe siècle, de même qu'avec ma famille et mes amis disparus. Cela montrait à l'évidence que les compagnons du ciel disaient vrai : « Nous

---

6. Bien sûr que François avait lu ma pensée, comme c'est le privilège de toute âme dans l'au-delà. Plusieurs voudront conclure que cela enlève toute crédibilité aux messages reçus. Mais attention : si les esprits peuvent lire notre pensée, en revanche, nous ne pouvons lire la leur. Et c'est cela qui fait que les connaissances transmises peuvent nous surprendre, nous instruire, nous déconcerter et même exposer nos fausses croyances. Car ce sont évidemment leurs réponses à nos questions qui comptent et nous renseignent, non les questions elles-mêmes qu'ils peuvent lire sur notre feuille ou dans notre cerveau.

sommes tous ensemble dans la lumière, en dehors du temps, tous ensemble au présent comme dans une seule pièce. »

Je me promettais donc d'en profiter, vous pensez bien! J'ai préparé alors une liste d'âmes auxquelles j'aimerais poser des questions, afin de me renseigner sur leur décès et leur entrée dans l'au-delà, sur leurs activités présentes, la façon dont leur pensée a pu changer, ainsi que leurs réactions devant la déchéance du monde actuel. Je voulais savoir où en était ma famille, surtout mon père, avec lequel j'avais vécu 20 ans de conflit. Je désirais renouer avec d'anciens confrères et connaître leurs progrès spirituels. Et je fus comblé. Le résultat de ces séances très mouvementées a été relaté dans les pages qui suivent. Et si rien ne saurait remplacer la vivacité de la conversation, la rapidité des réparties, l'humour, l'intonation ou l'émotion, il reste tout de même les paroles qui ont été prononcées. J'ai donc retranscrit les 13 rencontres enregistrées sur cassette, en omettant bien sûr les répétitions et les fautes grammaticales.

Chaque session se déroulait de manière semblable, à la façon d'un rituel: tous les participants se rencontraient au restaurant pour que les invités puissent se familiariser avec Louise qui, pendant le repas, leur transmettait déjà certains messages. Ensuite, on se rendait chez moi, où je commençais par égayer l'atmosphère de quelques pièces de piano, après quoi j'invitais chacun autour de la table où siégeait déjà la médium. Tout était soigneusement enregistré sur deux ou trois magnétophones. De nouveau, Louise transmettait à chacun des messages par clairvoyance, mais cette fois avec plus de détails et de profondeur. Une fois terminée l'heure réservée à la clairvoyance, Louise entrait en transe profonde pendant deux heures. Elle n'entendait rien, pas même le jappement du chien, et ignorait tout ce qui se passait entre nous.

C'est alors que commençait à proprement parler la communication avec l'invisible. Le guide de la médium – François

d'Assise – ouvrait la séance par une salutation puissante et
enthousiaste. Ensuite, chacun des invités pouvait à son tour
poser les questions qui lui tenaient à cœur et entrer en conversation avec qui il voulait. Plusieurs ont parlé à un père avec
lequel ils avaient été en conflit, tout comme moi, et tâchaient
de régler leur différend pour en arriver si possible au pardon
mutuel[7].

ॐ

Le livre présent s'inscrit dans une série de recherches sur le
monde invisible qui se suivent et s'éclairent mutuellement :
tout d'abord, *Le livre de l'âme* (Éditions Quebecor, 2001), suivi
par *Le pays d'après : dialogues dans la lumière* (Éditions
Quebecor, 2003). Cette recherche s'est ensuite poursuivie avec
le livre que vous tenez présentement entre vos mains et qui
annonce déjà son complément, *Le jour où la lumière reviendra*...

Entre autres choses, *Les compagnons du ciel* met en relief
un groupe d'«âmes célèbres». Mais je répète que je n'ai pas
livré ces conversations pour faire tout d'abord parler ces célé-
brités de naguère ou pour montrer que j'étais leur familier. Il
s'agissait d'illustrer la communion constante qui unit le
monde des humains, d'où qu'ils soient, quels qu'ils soient et
de quelque niveau que soit leur renommée ou leur valeur. Je
voulais faire comprendre que les êtres humains font partie
d'une seule famille, qu'il n'y en a pas qui soient supérieurs aux

---

7. J'ai retenu les passages où le fils et le père entrent en conversation, car ce
    sont des moments qui peuvent toucher le lecteur et nous apprendre com-
    ment la loi de réciprocité continue de jouer même dans l'au-delà. Cela
    veut dire que chaque fois qu'on en veut à quelqu'un, qu'il soit sur terre ou
    disparu, on se nuit à soi-même tout en nuisant également à l'évolution de
    l'autre ; cela vaut également pour le pardon : si on pardonne (à soi-même
    ou aux autres), on évolue spirituellement et on fait évoluer ceux qu'on a
    offensés.

autres, qu'il n'existe pas de hiérarchie dans l'être, tous étant, indépendamment de leurs rôles terrestres, des manifestations de la conscience universelle, des êtres de lumière, des âmes éternelles. En somme, j'ai voulu rapprocher les deux mondes, en réparant un peu la déchirure causée par la religion qui avait séparé les corps terrestres des âmes célestes, le monde visible de l'invisible, et Dieu des humains. Car, au contraire, tout est relié, et le monde spirituel, qui ne connaît pas de séparation, ne connaît pas davantage de jugement ou de condamnation : pour entrer dans la lumière, chacun doit lui-même se reconnaître, s'accueillir et réparer ses torts.

Ces riches dialogues m'ont montré que nous étions en communion avec nos compagnons du ciel, que nous étions déjà ici-bas dans l'éternité, et que c'est le refus de le reconnaître qui déchirait le monde, obsédé par la possession de quelques biens périssables et le pouvoir de dominer les autres, si fugace et si nocif. Et comme l'au-delà est déjà en nous par l'âme éternelle, nous finirons tous par céder à l'attrait irrésistible de la lumière. Comme nous le disent nos amis de lumière : « Nous travaillons avec vous constamment, nous sommes toujours ensemble puisque nous sommes l'Ensemble[8] ! »

∿

Une dernière remarque. Il est important de rappeler que « l'au-delà » n'est pas un « après » temporel, comme le serait le lendemain d'une vie terrestre. C'est dans l'éternel aujourd'hui que vivent toutes les âmes, qu'elles soient dans ce monde-ci ou dans l'invisible. Tout est présent : le temps est ici un leurre,

---

8.   Il existe un autre auteur qui a publié ses contacts avec des « âmes célèbres ». Il s'agit du professeur d'histoire Charles Hapgood qui, dans *Voices of Spirit*, rassemble des conversations qu'il a eues avec Shakespeare, Élisabeth Ire, Nostradamus, Wordsworth, Lincoln, Gandhi, Kennedy et Einstein, à travers le médium britannique Elwood Babbitt.

tout comme la mort. Pourtant, plusieurs professionnels de la spiritualité m'accuseront de ne pas vivre dans le moment présent – qu'ils disent être la seule réalité – et de maintenir également une attitude soumise vis-à-vis des maîtres du « passé ». Mais Krishnamurti lui-même – que l'on ne peut accuser de fuir le présent ni d'être soumis à quiconque – affirme avoir été pendant 40 ans en contact avec des sages « passés » et en avoir reçu des instructions continuelles, comme nous le montrent les passages suivants tirés du livre d'Aryel Sanat, *La vie intérieure de Krishnamurti* (Paris, Éditions Adyar, 2001) :

- « Je pouvais sentir la vibration du Seigneur Bouddha, je voyais le Seigneur Maitreya *(bodhisattva de la compassion)* et le maître Kout-Houmi *(guide de Mme Blavatsky)*. » (p. 119)

- « Quand je quittai mon corps la première nuit, je me rendis aussitôt chez le maître Kout-Houmi, puis nous nous rendîmes au domicile du Seigneur Maitreya et nous y trouvâmes de nombreux maîtres – le Maître Vénitien, le Maître Jésus, le Maître Sérapis, le Maître Hilarion, etc. » (p. 134)

- « Je ne fais qu'un avec le Bouddha, le Seigneur Maitreya, Shri Krishna, le Christ. » (p. 134)

- « Krishnamurti ne cessait de le répéter, plusieurs instructeurs éternels avaient été impliqués dans ce qu'il appelait une "opération" (la purification de son être). » (p. 76)

- « Il disait qu'il y avait toujours un être dirigeant les opérations. » (p. 134)

- « […] Le corps de Krishnamurti conversait avec cette présence invisible, qui semblait être à la fois celle d'un ami et d'un instructeur. Il posait des questions à la présence invisible. » (p. 133)

Eh bien, sans me comparer à Krishnamurti, c'est essentiellement ce que je fais dans ces contacts avec des êtres libérés de leur corps et entrés dans la lumière.

L'erreur des gens qui ne se réfèrent qu'au «non-dualisme» du Vedanta et qui pourtant passent leur temps à se *soumettre* aux auteurs du passé tels que Ramana, Nisargatta, Jean Klein et, bien sûr, Krishnamurti, c'est de ne pas voir que la communion avec les grandes âmes est l'affirmation d'un éternel présent où l'amour et l'ouverture abolissent tout temps et tout espace. Comme je l'ai dit précédemment, ces contacts montrent qu'il n'y a pas de mort, que nous sommes tous actuellement dans l'éternité par notre âme et notre amour. Après tout, Jésus ne s'est-il pas présenté un jour, lors de la soi-disant «transfiguration», causant de son destin avec Moïse et Élie, qui étaient «décédés» respectivement depuis 1 000 et 700 ans? Et si cela était bon pour Jésus et Krishnamurti, pourquoi pas pour nous également?

Au lieu de vivre comme s'il n'y avait que la terre, ce monde-ci et le corps physique, ne faudrait-il pas voir plus loin et plus haut, avec un peu de cette foi pour laquelle «l'essentiel est invisible» et toujours présent? Car c'est la foi qui relie le monde visible à l'invisible et qui n'en fait qu'un seul!

Première rencontre
(2 novembre 2003)

Participants:
Placide, Michel (mon collaborateur)

Contacts dans l'au-delà:
François d'Assise, Lucien Hardy

Médium (en état de clairvoyance): On me suggère de te dire que ce qui a commencé va se poursuivre, c'est-à-dire qu'il va y avoir encore d'autres livres: c'est pas fini! Je vois ton guide de lumière qui fait les cent pas derrière toi et qui est tout content; il me dit en effet que c'est loin d'être terminé!

P.[9]: C'est loin d'être terminé! Il est, bien sûr, au courant de ce que j'écris présentement. Comment il trouve ça?

Médium: Il dit: «Je suis plus qu'au courant parce que je suis ton complice pendant l'écriture.» (*rires*)

P. (aux autres): Il s'agit des *10 lois cosmiques*.

---

9. Dans les dialogues, cette lettre désignera l'auteur; les noms de ceux qui poseront les questions paraîtront en *italique*, alors que les entités contactées seront en **caractères gras**.

Médium : Il dit qu'il t'a fourni beaucoup de renseignements. « On est associés, on travaille ensemble ».

P. : Nous avions eu des difficultés dans nos projets depuis le fameux 11 septembre 2001. Tout avait été bloqué. Et les gens de votre plan disaient que ça durerait deux ans. Donc, ça devrait maintenant être terminé ?

Médium : Tout ça va reprendre en effet, c'est ce qu'on me dit de te dire. J'ai vu une porte qui s'ouvrait. La résistance va faire place à l'ouverture. Je vois tes racines qui sont toutes lumineuses – tout ce que tu as mis en œuvre pendant ton évolution spirituelle – et maintenant toutes les branches vont s'étendre et tu vas alimenter d'autres racines autour de toi.

Alors voilà, maintenant je vais entrer en transe. (*Habituellement, cela se fait sans annonce et sans intermède.*) Mon guide est François d'Assise, et c'est lui qui se manifeste au départ. Ensuite vous pourrez parler à qui vous voulez, soit à votre guide, soit à quelqu'un d'autre. (*La médium entre sans plus tarder en transe profonde – une sorte de sommeil où elle ne se rend aucunement compte de ce qui se dit, de sorte qu'elle ne ne souvient de rien après en être sortie.*)

François d'Assise

François (*voix forte, enthousiaste, phrase un peu solennelle et vétuste*) : Ah ! très heureux, n'est-ce pas, d'être avec vous !

Les participants : Bonjour, François !

François : Avec joie, nous manifestons notre présence auprès de vous, dans l'objectif, bien sûr, de pouvoir vous apporter la lumière. Voulant vous faire part, ami Placide – quelle belle occasion, quelle belle occasion ! –, des ressemblances, des affinités, qui nous lient.

P. : Oui, oui.

François: Hum. Constatez bien qu'à mon époque, il y avait toute la raideur du verbal, cette inflexibilité des mots par lesquels je tentais de rendre toute l'ampleur de mon cœur, pour répandre cette vérité. Mais de votre côté, vous avez mis en œuvre une manière bien raffinée de la propager, à travers vos paroles.

P.: Ce que vous m'avez aidé à faire, sans doute?

François: Oh! je m'en suis mêlé, bien sûr… *(rires)*. À travers vos écrits et votre musique.

P.: Bien oui, vous étiez vous-même musicien!

François: Concevez ceci, chère âme, que cette musique vous est aussi inspirée par celle des anges: il y a des vibrations qui sont manifestées et que vous émettez à travers votre sensibilité.

P.: C'est merveilleux!

François: Ces accords que vous élaborez sont inspirés par l'énergie du cœur. Ils sont aussi inspirés par l'énergie des anges. Oh! que si!

P.: Ah bon!

François: Concevez que vous êtes une vieille racine. Vous avez acheminé plusieurs expériences. Mais vous avez su conserver l'art de la connaissance. Et dans le but de développer ces chefs-d'œuvre, de pouvoir les transmettre et de sensibiliser les cœurs pour qu'ils puissent s'éveiller à leur propre conscience: vous avez l'art raffiné de vous y prendre.

P.: Même par mes tableaux?

François: Oh! que si! On y trouve l'empreinte, sachez-le bien, de la sensibilité de votre âme. Niez point cela. Une sensibilité perceptible qui est transmise à travers vos chefs-d'œuvre… Il vous sera donné un cadeau très précieux. Vous savez quoi?

P.: Non.

François: Vous allez fusionner à une perception, à une sensibilité plus consciente, ce qui permettra à votre cœur de vibrer dans toute son intensité.

P.: C'est ce que je désire depuis longtemps.

François: C'est pour cela d'ailleurs que je vous en fais mention. Concevez d'ailleurs que votre intérieur est un grand livre qui contient toutes vos mémoires, tout le contenu de vos expériences. Retenez bien ceci: en ce qui regarde ce qui est imprimé à l'intérieur, vous franchissez une étape, un nouveau chapitre, ce qui vous permettra de concrétiser vos projets. Effectivement, ceux-ci avaient été mis en suspens, mais concevez bien que vous aurez toute l'ampleur qui vous permettra adéquatement de les exploiter davantage. La porte s'ouvrira et vous en serez ravi et grandement satisfait en retour. Vous savez que vous avez choisi de faire votre place dans l'expérience, de renforcer vos racines. Rendez-vous compte que depuis cette venue sur ce plan (*la terre*), combien de fois il a fallu revendiquer votre place avec la conviction que vous y avez droit!

P.: Cela a pris beaucoup de temps.

François: Mais, vous voyez, maintenant vous êtes porteur, vous êtes messager et vous passez le message à travers vos paroles, vos écrits, vos tableaux et votre musique, pour sensibiliser les cœurs afin de leur rappeler qu'eux aussi ils doivent s'enraciner en eux-mêmes et y trouver leur place et fusionner dans la conscience du divin que vous êtes tous. Parmi les humains que vous avez rencontrés, certains vous ont éveillé à la conscience, vous permettant de faire le discernement entre les connaissances qui pouvaient vous faire grandir et celles qui vous faisaient obstruction. Ce n'était nullement le hasard, vous savez. J'imprègne dans votre cœur une lumière très spéciale. Vous ressentirez cette énergie pendant quelques mois, elle vous sera très favorable. Et n'oubliez pas ce livre intérieur: chaque fois que vous aurez besoin de réponse ou de confirmation, visualisez ce livre intérieur. Vous ouvrirez une page et y lirez les messages. Et vous avez un avantage entre bien d'autres. Vous savez quoi?

P.: Non.

François (*lentement, avec insistance*): Vous savez lire entre les lignes! (*rires*) Et pour vos prochains écrits, vous n'aurez nullement le syndrome de la page blanche. Je vais pousser sur votre crayon. Concevez donc que lorsque vous faites cette connexion dans votre cœur, conscient de ce divin que vous êtes, à ce moment-là vous êtes connecté à l'inspiration, à votre essence, à votre lumière, à la vitalité de l'amour de ce que vous êtes. Autrefois, vous avez été exposé à des âmes qui n'ont pas su reconnaître toute l'ampleur de vos valeurs[10].

Mais vous voyez, vous nourrissez envers ces âmes le pardon et vous vous faites même plaisir de savoir que – vous y pensez parfois – elles ne savent pas ce qu'elles ont manqué! (*rires*) N'est-ce pas? Imprégnez-vous de la joie de vivre. Beaucoup d'amour pour vous-même. Accordez-vous la souplesse et la douceur du cœur. Faites-vous plaisir. Vous avez besoin de vous gâter.

P.: Sûrement.

François: Et la prospérité de toutes parts. Et vous savez pourquoi?

P.: Non.

François: Parce que vous vous l'êtes choisie. Alors, salut à toi! Aime-toi pour ce que tu es.

P.: Merci beaucoup, frère François... Maintenant, est-ce possible de parler à celui qui fut mon guide sur terre?

(*silence*)

---

10. Il s'agit sans doute de mon père, du milieu jésuite, du public fermé et des médias qui ont ignoré mes livres.

Lucien Hardy

Lucien: Ça me fait tellement plaisir de pouvoir te parler. Je l'anticipais autant que toi. Eh bien, on a un gros programme en marche.

P.: Oui?

Lucien: Eh oui. Tu vois, en te laissant bien guider par tes projets – tu sais, tu as l'avantage d'avoir une vue d'ensemble de ce qui est devant toi –, eh bien, ça va s'amorcer, t'inquiète pas.

P.: Et le livre que j'ai fait, ça marche pour vous?

Lucien: Ça fait plus que marcher. *(rires)* Bien sûr, bien sûr, on travaille ensemble.

P.: Merci encore une fois. Et merci de m'avoir permis de rencontrer notre nouvelle médium, Louise.

Lucien: Cette rencontre n'est nullement le fruit du hasard, constate-le bien. Et je veux te rassurer sur ceci: j'ai capté, lors de la première rencontre avec cette dame, toute la pureté de son énergie, ce qui veut dire que ce qui sera transmis par elle, tu peux y faire confiance – ce qui n'empêche pas qu'il soit toujours bon de garder le discernement. Tu as d'ailleurs acquis cet art, n'est-ce pas?

P.: Oui?

Lucien: Mais sache que je me sens très heureux de pouvoir passer par ce canal (*cette dame qui est médium*).

P.: Pour changer de sujet, pourrais-je avoir des renseignements sur le psychothérapeute que fut sur terre **Jean Lerède**, décédé il y a plusieurs années[11]?

---

11. Très connu à Montréal durant les années 1975 à 1990, Jean Lerède était un maître dans tous les domaines de la psychologie.

Lucien : Sache que ce cher ami, tu vois, reçoit des maîtres de lumière une énergie bien spéciale. Son âme avait grandement besoin d'être rassurée. Il avait à se déprogrammer, vois-tu. Il est encore en plein travail. Tu sais que dans cette dimension-ci, il y a un hôpital.

P. : Oui, je suis au courant ; et il s'y trouve ?

Lucien : Voilà.

P. : Merci de ces renseignements… Maintenant, je voudrais vous rapporter mes réactions à certains textes qui parlent d'âmes chrétiennes qui, se voyant comme des victimes ont cherché à se faire souffrir au maximum, soi-disant pour faire plaisir à Jésus et apaiser l'imaginaire colère de Dieu ! Il y avait même une parole attribuée à Jésus, constatant « combien d'âmes m'auraient déjà abandonné, si je ne les avais pas crucifiées ». Mais quelle absurdité !

Lucien : Eh bien, tu vois que dans les livres également tu dois pratiquer ton discernement, car il y a des aspects qui sont faussés.

P. : Ami Lucien, me serait-il possible de parler à toutes sortes d'êtres que je n'ai pas connus sur terre ?

Lucien : Bien sûr, dans cette dimension, il n'y a pas de temps, pas d'espace, nous nous reconnaissons par nos champs vibratoires, la force vibratoire.

P. : Ce qui n'empêcherait pas de rencontrer par exemple un **Socrate**.

Lucien : Nullement.

P. : Et les êtres tels que **Jean Klein** et **Krishnamurti**, étant donné qu'ils étaient très purifiés, et doivent être à un niveau très élevé ?

Lucien : Bien sûr, et ils s'appliquent à en purifier d'autres.

P. : Vous connaissez aussi le disciple de **Jean Klein**, **Éric Baret**[12] qui est encore avec nous, il a un amour extraordinaire.

Lucien : En effet, c'est une âme très élevée.

P. : Dites-moi, cher ami, de quelle façon entrez-vous en contact avec moi ?

Lucien : Quand tu es en sommeil profond, je rencontre ton âme. Si tu savais les échanges que nous avons ! C'est pour ça que le matin tu reviens avec ton bagage d'inspirations.

P. : Est-ce utile d'envoyer tous ces messages avant de me coucher, à ceux que j'ai connus et à ceux qui vont mourir ?

Lucien : Mais oui, ils les reçoivent, ils t'entendent.

P. : Et l'aide que je demande à tous ces compagnons du ciel ?

Lucien : Bien oui, voilà : tu es très bien accompagné.

P. : Que c'est magnifique d'entendre ça. Et merci à vous tous et à vous, mon cher ami, de tout ce que vous m'apprenez et de toute votre aide.

Lucien : Bien, ça me fait un grand plaisir et mon cœur est toujours avec vous. Mes salutations à chacun ! Et, mes amis, nous vous apportons notre bénédiction, notre amour, notre amitié. Nous vous apportons la paix du cœur. Beaucoup de joie de vivre. Et quoi qu'il en soit, choisissez d'être heureux : vous en avez le pouvoir[13] !

---

12. Un Français qui vient régulièrement à Monréal, où il donne des conférences au Centre Saint-Pierre.
13. C'est la salutation finale qui clôt habituellement nos séances.

Deuxième rencontre
(21 décembre 2003)

Participants :
P., Michel et des invités

Contacts dans l'au-delà :
Lucien Hardy, François d'Assise, mon frère Gabriel,
Franz Schubert

Médium (*en état de clairvoyance*) : Pendant que tu jouais du piano, j'étais entrée dans l'énergie et ce qu'on me dit pour toi, c'est que d'ici quelques mois, depuis que tu t'es ouvert aux énergies de l'ensemble, il y a un travail qui se fait sur toi, me disent les messagers de lumière. Pendant que tu jouais, je voyais un cœur de lumière et dans ce cœur, j'ai vu une porte en or. Tu sais, quant à l'inspiration qui te vient, il t'est donné la possibilité maintenant d'avoir un contact au cœur de ton être, un contact qui va aller chercher, de façon plus consciente, tous les ressentis qui commencent à prendre plus de place. Ce qui veut dire aussi que dans les livres à venir, tu vas davantage laisser parler ton cœur. Il va se faire des rapprochements, transmis sous forme de messages, que tu vas donner aux gens, et ce sera reçu à travers des messages adressés aux autres autant qu'à toi-même. On me fait part également de te dire « N'appréhende point, n'aie pas peur » en ce qui regarde le côté financier, ça va se replacer, et qu'il faut cependant continuer d'être vigilant par rapport à ton corps. Ton guide me fait part de te dire qu'il y aura beaucoup de contenu dans les écrits à venir. Et tu vois que déjà cela se fait de façon accélérée : c'est là tout prêt, de sorte que tu ne voudras pas en perdre le fil. Il me dit donc que tu as encore beaucoup à donner pour sensibiliser les cœurs à travers écrits et conférences, par quoi tu laisses des empreintes dans les cœurs. À travers la façon dont tu communiques tes propres expériences et d'autres enseignements, tu amènes les gens à se regarder, à se rencontrer face à face. Je te vois donner une conférence où les cœurs s'ouvrent pour y recevoir des semences. C'est certain que ton âme a choisi ce rôle avant de venir, c'est une mission, celle de te donner à travers écrits, paroles, actions ainsi que par la musique et la peinture.

(*La médium entre alors en transe et c'est son guide qui se présente.*)

François d'Assise

François (*d'une voix très forte et enthousiaste*) : Bien, bien. Maintenant, ami Placide, venons-en à ce que tu anticipes.

P. : Merci. L'ami Lucien va-t-il être là aujourd'hui ?

François : Il est déjà présent. Un instant.

(*silence*)

Lucien Hardy

P. : Je voudrais poser des questions, mais j'aimerais laisser les autres le faire avant.

Lucien (*d'une voix à la fois douce et ferme*) : Je reconnais ta délicatesse. Je reconnais mon frère : tu n'as pas perdu le sens de la communauté ! (*rire de tous*)

P. : Pas totalement, non !

Lucien : Avant de commencer, j'ai à te confirmer encore que tu es loin d'avoir terminé ton travail d'écriture.

P. : Et le dernier écrit – *Les dix lois cosmiques* –, vous en êtes satisfait ? Vous savez, celui que vous avez écrit ? (*rires*)

Lucien : Ah ! Ah ! Bien sûr, on travaille ensemble, on se complète.

P. : Je comprends ça tout à fait parce qu'il y a bien des inspirations qui ne viennent pas de moi. Est-ce que ça va être lu ?

Lucien : Ami Placide, ami Placide, si je te posais la question à toi-même, que répondrais-tu ?

P. : Que c'est une des meilleures choses que j'ai faites.

Lucien : Ah bon, alors tu vois, tu sais bien te répondre. Il faut que tu te souviennes de qui tu es. Qui es-tu, toi ?

P. (*en riant*) : Celui qui a aidé à faire le livre !

Lucien : Mais vraiment, qui es-tu ?

P. : Eh bien, je suis une expression du divin.

Lucien : Ahhh (*comme un soupir*). C'est ce que je voulais entendre. (*plus lentement*) C'est ce que je voulais entendre.

P. : Oui.

Lucien : Tu vois que même malgré certains, cher confrère, certains qui ont renié, brimé et blessé l'image de ce que tu es, tu ne t'es point perdu de vue ?

P. : Non, j'ai été, je pense, fidèle à moi-même.

Lucien : Voilà. Et tu sais que c'est important que tu puisses le reconnaître dans ton cœur.

P.: Oui.

Lucien: Voilà!

P.: Maintenant, ce serait possible de parler à mon frère Gabriel, décédé il y a quelques années?

Lucien: Un instant…

(silence)

Gabriel, le plus proche de mes frères

Gabriel *(très doucement et lentement)*: Ah! ben, salut, mon petit frère!

P.: Bonjour, Gabriel.

Gabriel: Eh, je suis content de te parler. T'as changé, hein? T'es extraordinaire.

P.: Et toi aussi, tu as dû changer de l'autre côté?

Gabriel: Ah! oui, j'ai appris beaucoup, beaucoup. C'est moins rigide que l'université, cependant!

P.: Il me semble que sur terre tu ne croyais pas à l'au-delà?

Gabriel: T'as ben raison. Tu sais, je t'observe bien. Et j'apprends[14]. Tu sais ce que j'ai remarqué que t'as pas perdu? *(lentement, intensément)* Ton bon cœur.

P.: C'est gentil de me dire ça.

Gabriel: Non, tu ne l'as pas perdu. Même si on a souvent argumenté ensemble.

P.: Mais j'aimais beaucoup ça.

Gabriel: Ah! ça faisait un peu de dynamisme et des fois, de la dynamite! *(rires)*

---

14. C'est une phrase qu'on entend souvent de la part de nos amis invisibles.

P. : Je voudrais savoir si tu es en contact avec les autres de la famille ?

Gabriel : Ah ! je me promène.

P. : Tu les vois ?

Gabriel : Ah ! oui ! On est ensemble.

P. : Et tu t'occupes à quoi, maintenant ?

Gabriel : Le travail que je fais... Entre autres, je vais à l'école. J'apprends avec les maîtres.

P. : Toi qui étais bon en sciences, as-tu continué dans cette ligne ?

Gabriel : Oh ! ce sont des sciences, mais elles sont très différentes. Puis, j'aide d'autres âmes – et tu vas rire de l'entendre – à faire leurs devoirs !

P. : Oh ! comme c'est bien ! Donc, tu continues d'étudier ?

Gabriel : Bien sûr.

P. : Dis-moi, es-tu au courant de notre cher oncle Olivier que j'aimais beaucoup ? Est-il dans les environs ?

Gabriel : Ah ! il n'est pas loin. Il dit qu'il est avec toi et qu'il te rend visite de temps en temps.

P. : C'est en effet le seul parent avec qui je m'entendais bien, parce qu'il nous respectait.

Gabriel : C'est ça, et tu sais pourquoi ? À cause de sa simplicité.

P. : C'était aussi un cœur d'or en plus d'être un musicien.

Gabriel : Bien oui, et tu sais que quand tu joues du piano, il joue avec toi. Les petites bribes que tu composes dans tes accords, il y est pour quelque chose.

P. : Ah oui ? J'aurais une dernière requête, maintenant, si tu veux bien. Est-il possible de parler à Franz Schubert ?

Gabriel: Attends, attends, attends. Avant, je veux te dire que je t'apprécie et que je t'aime beaucoup. Lâche pas dans le travail que tu fais, hein? C'est merveilleux!

Texte reçu de Gabriel par écriture automatique à travers la médium Marjolaine Caron au printemps 2005: «*Ah! Madame... vous êtes remplie de grâce et de grande simplicité!...*

Les sceptiques seront confondus – ce fut mon cas... Mon frère, tu peux bien rire! Mon hommage sera simple. Je veux te remercier de ne pas m'avoir jugé. Tu as cette grande faculté, si rare, de ne pas juger et de voir l'âme au-delà de la personnalité! Tu m'impressionnes, mon frère, vraiment! Deux nouveaux ouvrages encore[15]... Je t'admire. Et je te le dis: continue! L'humanité en crise a besoin de la pureté de ces messages. Le grand ménage est commencé. Je vois, au-delà de tout ce que je pouvais voir sur cette terre, à quel point l'homme s'autodétruit par son manque d'amour et de conscience. C'est si grand, Placide, si puissant! J'ai revu une vie que nous avons partagée, toi et moi, parmi les nombreuses, une vie où nous étions beaucoup plus avancés que maintenant[16]. Jamais de mon «vivant» je n'aurais pu y croire, mais je t'assure Placide, l'Atlantide... ça a vraiment existé et nous y étions, mon frère, et j'étais très «savant», humblement. Nous avions fait beaucoup ensemble pour l'avancement de la science et de la médecine. Je suis émerveillé par ces grandes révélations. Lorsque je suis «passé» de l'autre côté, j'ai visionné plusieurs

---

15. Il s'agit de *L'émerveillement* et *Les compagnons du ciel*, tous deux aux Éditions Quebecor.
16. C'est une des idées fondamentales d'un prochain livre, *Le jour où la lumière reviendra*, dans lequel je démontre que la civilisation est allée non pas en montant, mais en descendant, depuis les anciens Égyptiens.

films et j'ai repris contact avec toutes ces connaissances en moi! Enfin... je ne vais pas m'étendre trop longtemps par respect pour notre intermédiaire qui reçoit de façon intense la vibration de mon énergie[17]*! Tu me reconnais bien, mon frère! Merci d'être là, encore fidèle au poste. Merci de m'avoir accompagné. Tu es un «passeur d'âmes», Placide, un frère merveilleux. Je t'aime tant et j'ai bien hâte à nos retrouvailles! Je lève mon verre à ta santé et longue vie à toi! Gabriel.»*

---

17. Comme on l'a vu dès sa première salutation, Gabriel était un séducteur et un passionné: son écriture le disait bien.

Franz Schubert

Franz *(après un moment et d'une voix douce et souriante)*: Très heureux de pouvoir être avec vous.

P.: Franz Schubert?

Franz: Eh oui!

P.: Comme c'est beau de pouvoir vous rencontrer!

Franz: Bien, c'est avec joie et ça me fait grand plaisir.

P.: Je pense que vous êtes celui qui a fait la musique la plus touchante.

Franz: Ah! J'apprécie!

P.: J'en joue d'ailleurs, peut-être pas à votre satisfaction...

Franz: Ah! que si! *(rires)*

P.: Mais j'aime beaucoup ce que vous composiez. Votre mélodie est d'une rare transparence. Et quelle surabondance! Vous deviez avoir un cœur d'une bonté extraordinaire!

Franz : Mais je rejoins le tien !

P. : Et la pureté…

Franz : On s'harmonise par la musique, hein ? On est sur la même portée !

P. : C'est ça… Et la *Symphonie inachevée*, va-t-on retrouver la partie qui a été perdue ?

Franz : Oh oui ! on va finir par la retrouver.

P. : C'était tellement parfait… Et le groupe que vous formiez avec Franz Liszt et qui a transmis de la musique à Mme Rosemary Brown (*récemment décédée*), va-t-il être repris plus tard[18] ?

Franz : Mais si.

P. : Il y a aussi l'*Impromptu* que je joue de vous…

Franz : Je suis avec toi pendant que tu joues.

P. : … et que vous aviez transmis à Mme Brown ?

Franz : Effectivement, et tu sais pourquoi ? Parce que cette dame alimentait beaucoup mon cœur.

P. : Oui, elle vous aimait beaucoup… Faites-vous toujours de la musique, de l'autre côté ?

Franz : Ah ! Il est bon, lui ! C'est justement ce que j'allais te dire ! Bien sûr !

P. : Vous créez des symphonies ou des mélodies pour la voix ?

Franz : Les deux, bien sûr.

P. : Y a-t-il quelqu'un pour les chanter ?

Franz : Les anges !

P. (étonné) : Les anges ? (*rires*)

---

18. Rosemary Brown, vous vous en souvenez, est celle qui m'a ouvert au monde de l'au-delà et dont j'ai parlé longuement dans l'introduction…

Michel : Et portez-vous toujours vos lunettes ?

Franz : Nullement. Là, je les porte parce que je suis placé devant vous dans le personnage que j'ai été[19].

Michel : Et vous, prenez-vous toujours votre sherry ?

Franz : Bien sûr. Mon sherry et ma chérie. Ha ! Ha !

P. : La musique !

Franz : Voilà.

P. : Étiez-vous très seul sur terre ? Ce qui suggère cela, c'est la peine qu'il semble y avoir dans votre musique.

Franz : Ah ! que si !

P. : Vous n'aviez jamais rencontré d'âme qui...

Franz : Le mal au cœur (*mal d'amour*) et le mal de cœur (*écœurement*).

P. : Oui, oui... Mais ça fait une musique vraiment extraordinaire, non ?

Franz : Bien sûr.

P. : Est-ce que les gens la jouent de l'autre côté...

Franz : Écoute, si t'es d'accord, cette partie inachevée...

P. : Oui.

Franz : Je vais t'inspirer, tu pourras l'écrire !

P. (rires) : Ça serait bien, ça !

Franz : Ah ! d'accord.

P. : En tout cas, je vous remercie beaucoup pour tout le bonheur...

Franz : Bien !

---

19. Les âmes entrées dans la lumière n'ont guère d'intérêt pour leur corps terrestre, mais pour se faire reconnaître par nous, elles vont se présenter telles qu'on les a connues.

P.: ... que vous m'avez donné et que je continue de recevoir à travers votre œuvre, que je considère la plus humaine des musiques.

Franz: J'apprécie... Je vous aime. Au revoir, mes amis!

Tous: Merci beaucoup, Franz!

[...]

(**François d'Assise** *a repris place.*)

P.: Une dernière requête, si vous permettez, François. Pourrais-je avoir des nouvelles de mes parents – mon père Napoléon, ma mère Valentine?

François: Napoléon et Valentine, c'est spécial comme noms, n'est-ce pas?

Ils sont auprès de vous, ces âmes, et ils vous aiment. Même si ce cher papa ne s'est pas permis de le dire ouvertement.

P.: Oui, bien sûr.

François: C'était un renfermé. Hum. Il veut se reprendre, te disant de sa part combien il apprécie ce que tu es...

P.: Merci.

François: Il sait reconnaître toute la lumière intérieure de ton âme. Ouvre grand ton cœur et sache de ta part reconnaître également l'intensité de sa lumière. Il insiste, tu vois, pour dire qu'il regrette d'avoir omis maintes fois de te dire qu'il t'aimait. Il ne savait pas ce que c'était...

P.: Je comprends ça.

François: Mais il se reprend en te le disant maintenant.

P.: C'était l'époque qui voulait ça.

François: Voilà. Et cette chère maman Valentine, elle aime beaucoup son valentin.

P.: Je les remercie tous les deux et je leur parlerai une prochaine fois... Eh bien, François, en vous remerciant, je vais vous dire bonsoir!

François: Bien, bien. Et, mes amis, nous vous apportons, n'est-ce pas, notre bénédiction, notre amour, notre amitié. Nous vous apportons la paix du cœur. Beaucoup de joie de vivre. Et, quoi qu'il en soit, choisissez d'être heureux: *(lentement et avec beaucoup d'insistance)* vous en avez le pouvoir [20]!

---

20. Ce boniment d'adieu sera repris à la fin de chaque rencontre, soit par François, soit par Lucien. Mais comme il se répète, je ne l'inclurai pas chaque fois.

TROISIÈME RENCONTRE
(1er février 2004)

Participants :
P., Michel et un invité

Contacts dans l'au-delà :
Lucien Hardy, Jim Pike (pour Michel), mes parents, Gabriel, oncle Olivier, Teilhard de Chardin, Jean Lerède, Constantin Fotinas, Louis Plamondon

La *médium* commence par quelques minutes de clairvoyance, où elle distribue à chacun les commentaires, les encouragements ou les conseils venus des compagnons du ciel.

Médium : Monsieur Placide, j'ai le goût de te dire qu'il y a une ouverture qui se fait dans ton cœur depuis quelques mois. Il y a une réceptivité encore plus grande qui s'établit en toi, parce que de ta part, c'est plus conscient. Tu ressens de plus en plus la connexion établie avec les êtres de lumière. Comme si ton côté rationnel se retire et que le niveau de la perception commence à prendre le dessus... Tu as une facilité pour entendre les messages de la lumière. Et on me dit : « Tu n'as pas fini d'entendre ! » *(rires)*

Maintenant, je vois ton cher ami Lucien qui te tend la main en montrant des pièces d'or. Il te dit : « Ne t'inquiète pas, ça va se multiplier, ça va profiter, tu verras. » Il me fait voir un homme – sans doute ton éditeur – et me fait dire : « T'inquiète pas, je m'en vais le brasser. » Ça me dit aussi que, côté musique, il y a un homme qui va t'appeler ; je te vois dans un studio en train d'enregistrer.

(Long silence ; maintenant, la médium va entrer en transe profonde.)

Quelqu'un : Tu vois, en cette saison, il y a des semences conservées en terre, et à l'éveil du printemps, elles commencent à germer, elles prennent de la maturité. Alors, conçois bien ceci, pour ce qui s'en vient pour toi, dans l'attente de cette maturité, tu parviendras à la bonne récolte. Je perçois tes pensées, tu sais. Ça mijote pas mal. Ne t'inquiète pas, aie confiance. Tu auras la récolte de tes mérites, mon frère, de ce que tu as déjà semé.

P. : C'est François qui parle ?

Lucien Hardy

Lucien : Pas du tout, c'est ton ami Lucien. J'étais pressé de te parler, tu vois.

P. : Ah ! Bonjour, Lucien.

Lucien : Bonjour à tous mes amis.

Tous : Bonjour !

Lucien : Grand plaisir d'être présent avec vous. Et je vous le redis : bien sûr que nous étions en bonne compagnie avec vous au restaurant[21] !

---

21. Les rencontres avec les compagnons du ciel sont précédées d'un repas convivial dans un restaurant du quartier.

P. : Lucien, j'aimerais poser une question au sujet de nos rencontres pendant le sommeil profond. Vous y rencontrez mon âme. Est-ce une partie de mon âme (la partie incarnée) ou est-ce l'âme entière ?

Lucien : Oh ! c'est très complexe à concevoir, ces rapports entre la portion d'âme qui demeure dans le monde de l'esprit et la moindre portion (un tiers ?) qui s'incarne. Et, bien sûr, c'est l'âme entière que je rencontre.

P. : Et quand je me réveille, bien sûr, il n'en reste rien. Ça demeure dans l'inconscient ?

Lucien : Écoute bien ceci, mon frère. As-tu remarqué certains matins que tu es poussé à prendre la feuille pour écrire plus tôt qu'il ne faut ?

P. : Ben oui.

Lucien : Eh bien, tu vois, c'est ça : ce que t'écris, c'est tout ce que tu as reçu pendant le sommeil profond. Donc, tu vois que c'est conscient ?

P. : Ah bon !

Lucien : En plus, tu ne veux rien perdre, hein ?

P. : Le sommeil profond, c'est la partie la plus importante du sommeil ?

Lucien : Bien sûr.

P. : Et c'est l'étape du sommeil qui dure le plus longtemps, je pense – et qui est complètement négligée par les psychologues et les neurologues, qui la confondent avec le néant.

Lucien : Effectivement. Ce sommeil profond, tu vois, te permet d'être dans un état de réceptivité.

P. : Une réceptivité encore plus grande que pendant la journée ?

Lucien : Bien sûr, parce que ta conscience n'est pas avalée par les choses.

P.: Parfois, le désir d'être ouvert ne suffit pas?

Lucien: Justement.

P.: Maintenant, j'ai une question au sujet de la pensée par rapport au cerveau et à la conscience. On dit que le cerveau produit la pensée, mais je ne crois pas que ce soit vrai, puisque vous êtes sans corps, donc sans cerveau, et pourtant vous pensez.

Lucien: Effectivement.

P.: Et donc, on n'a pas besoin d'un cerveau pour penser.

Lucien: C'est tout à fait logique, ton affaire!

P.: Le cerveau, ça fait quoi, alors?

Lucien: Le cerveau, voyez, c'est le moteur central du système nerveux…

P.: Oui.

Lucien: … qui maintient l'équilibre de la forme dense (*le corps*).

P.: Oui. Ce ne serait pas l'âme qui crée la pensée?

Lucien: Ça en fait partie. Mais écoute bien ceci: ce moteur – le cerveau – gère la stabilité des humeurs, c'est aussi le centre des émotions et le maître des sensations.

P.: C'est comme la pile principale.

Lucien: Voilà, voilà. Mais quant à ce qui est au plus profond de toi, ce n'est pas le cerveau qui le gère, mais l'âme.

P.: C'est sûr.

Lucien: C'est la conscience.

P.: Donc, on se sert du cerveau pour gérer pensées, émotions, sensations et pour agir comme corps sur le monde extérieur.

Lucien: Justement.

P.: Vous disiez aussi, je pense, que les âmes venaient sur terre pour apprendre à se reconnaître divines?

Lucien: En effet.

P.: Mais ces âmes qui sont avec Dieu avant de s'incarner, ne sont-elles pas conscientes d'être divines?

Lucien: D'une part, oui, mais...

P.: Ce n'est pas complet?

Lucien: Justement.

P.: Il leur manque l'expérience de passer par la matière pour savoir y reconnaître le divin?

Lucien: Tout à fait. Reconnaître le divin qui est manifesté...

P.: Partout.

Lucien: ... partout.

P.: C'est pour ça qu'il faut faire le voyage sur terre.

Lucien: Effectivement. Et n'oublie pas que sur terre, comme dans le monde de l'esprit, tout ce que vous projetez en pensée, n'est-ce pas, se manifeste spontanément. Il n'y a pas de limites, tu vois: c'est vous qui créez votre monde, votre vie... Maintenant, Placide, pour revenir au travail qui se fait en toi, je dois te dire que tu es dans une belle progression, tu fais de grands pas depuis quelques mois.

P.: Je l'ai senti depuis que je suis en contact avec les compagnons de lumière.

Lucien: Voilà.

P.: Il me semble que je suis plus proche de vous autres que de ceux de ce monde-ci – mieux connu, mieux compris[22].

Lucien: Effectivement. Et ta proximité avec l'au-delà, c'est loin d'être terminé, tu sais. Ça démontre que nous sommes

---

22. Cela est vrai en particulier pour ce qui regarde ma famille: les sept membres auxquels je m'adresse dans l'au-delà s'intéressent vivement à ce que je fais et écris, ils m'encouragent constamment, alors que ma famille et ma parenté sur terre ignorent mon travail.

tes amis et que tu n'es pas seul. Il n'y a pas d'espace, pas de temps.

P.: Tous les gens des temps passés sont présents, tout comme ceux qu'on a connus.

Lucien: Bien sûr. Tout est interrelié. Je vous reviens. Je laisse la place à notre ami François.

(silence)

François d'Assise

François *(très fort)*: Bien, très heureux n'est-ce pas d'être avec vous dans le but de vous apporter la lumière.

Tous: Bonjour, François.

François: Nous nous retrouvons en tant qu'anciens frères. Oh! que si!

P.: Je vous ai rencontré à travers Rudolf Steiner, dont vous disiez qu'il avait été votre réincarnation[23].

François: Bien sûr.

P.: Vous étiez là quand je lisais un de ses livres?

François: Je vous aidais même à tourner les pages *(rires)* et à lire entre les lignes!

P.: C'était un homme extraordinaire, ce Steiner, instruit dans toutes les sciences, même en agronomie, hautement spirituel, musicien, homme de théâtre et grand conférencier. Il cherchait à montrer que l'invisible était aussi réel, et même

---

23. Un jour, j'avais dit à François (à travers la médium) que les portraits qu'on avait faits de lui n'étaient guère flatteurs et qu'il devait sûrement être plus beau que ça. À quoi il répondit, à sa façon ordinaire: «Oh! que si!» Puis, je lui fis la remarque qu'il avait très peu écrit, même trop peu. Sa réponse: «Oh! vous serez surpris de l'entendre, mais je me suis réincarné comme Rudolf Steiner, et là je me suis repris!»

davantage, que le monde visible... Mais c'est peut-être un peu tard pour moi pour embrasser la doctrine qu'il a enseignée : l'anthroposophie.

François : Mais tu sais bien, mon frère, que ton âme n'a pas d'âge !

P. : Donc, je pourrais être anthroposophe ?

François : Et non pas entreposé ! *(rires)*

P. : François, nous avons avec nous notre grand ami Gilles[24].

J'aimerais savoir si nous étions tous les trois ensemble dans une autre vie ?

François : Oh ! vous êtes d'anciennes connaissances. Tous les trois, vous étiez moines.

P. : Mais pas nécessairement ensemble ?

François : Non, bien sûr. Mais vous avez des liens d'âme plus anciens que cela encore.

P. : On pourrait dire qu'on fait partie de la même famille d'âmes ?

François : Effectivement.

P. : Michel aimerait vous poser une question.

François : Bien, bien.

Michel : J'aimerais si possible parler à Jim Pike, qui était le fils du célèbre pasteur américain et qui s'est suicidé un peu avant la mort de son père[25].

---

24. Gilles est un ancien ingénieur qui a connu un éveil spirituel complet.

25. Dans les années 1960, le révérend James Pike, évêque épiscopalien et juriste distingué de San Francisco, était un esprit d'avant-garde qui, après le suicide de son fils, entra en contact avec lui à travers un médium après avoir vécu divers événements mystérieux. Il en a fait le récit dans un livre intitulé *The Other Side* (1968), traduit ensuite sous le nom de *Dialogue avec l'au-delà* (Paris, Robert Laffont, 1970). Comme la religion chrétienne s'est toujours montrée méfiante et même hostile à l'égard de toute communication de ce genre, l'évêque, qui était déjà suspect par ses idées

François: Un instant.

(silence)

Jim Pike

Jim *(lentement et doucement)*: Ah! que je suis heureux de pouvoir communiquer avec vous.

Michel: Bonjour. C'est Jim qui parle?

Jim: Bien sûr.

Michel: Je voudrais savoir si ton père est avec toi?

Jim: On est ensemble, bien sûr.

Michel: Tu le remercieras du livre qu'il a écrit, je l'ai savouré.

Jim: Très bien, il t'entend.

Michel: J'aimerais savoir si tu as réglé ton problème d'identité et tes dépendances quant à la drogue?

Jim: Oh! je travaille très fort, tu sais. Il y a eu, tu vois, des chocs, à cause de quoi mon âme est en réparation, c'est sûr, c'est sûr[26]. Mais tu vois, tu m'as donné l'occasion de pouvoir faire un premier pas. Et je le partage avec vous, mes amis: je me sens réceptif et je crois davantage à l'amour. Je capte vos énergies. Et concevez que par vos énergies vous m'apportez de l'aide que j'apprécie beaucoup. Alors, conçois bien que c'est avec joie que je m'implique dans la demande que tu veux me faire.

Michel: Oui, je voudrais savoir ce que je peux faire pour le jeune homme, Yannick, car lui aussi est aux prises avec la

---

marginales, fut rayé de son Église. Il mourut en 1969 lors d'un voyage en ce lieu appelé faussement « Terre Sainte ».

26. Il s'agit de l'hôpital dont on a parlé précédemment.

drogue. Que puis-je faire de plus que ce que je fais maintenant?

(*un moment*)

Jim: Tu vois, ce qui est le plus essentiel c'est d'apporter à cette âme ce dont elle a tant besoin: être aimée. Captant son tumulte intérieur, ce garçon mène une guerre contre lui-même. Il refuse une certaine réalité en lui; il a peur de lui-même[27].

Il a grandement besoin d'être rassuré: il est comme un enfant fragile. Il s'enlise dans ses peurs, il veut les paralyser. Donc, il utilise, tu vois, ces drogues. Je parle de lui comme si c'était mon frère, tellement je peux le comprendre. Si tu es d'accord, je vais manifester ma présence auprès de lui, parler avec son âme, pour qu'il consente à être réceptif à ce que tu veux lui apporter. C'est la seule porte, tu sais: il doit l'utiliser. Mais tu vois, il la refuse.

Michel: Je suis allé aussi loin que je pouvais avec lui. Désormais, c'est votre département.

Jim: Bien sûr.

Michel: Maintenant, avez-vous appris à aimer[28]?

Jim: Je suis encore en apprentissage.

Michel: Oui?

Jim: Ah oui! Mais ça va de mieux en mieux, tu sais.

Michel: Bon. Bien, merci beaucoup, Jim. Vous avez répondu à mes questions. Donnez un coup de pouce à Yannick, car de lui-même il ne s'en tirera pas.

Jim: Dites-lui qu'il n'est pas seul. Fais-lui savoir que Jim est avec lui.

---

27. C'est aussi ce que fait le suicidé arrivé dans l'au-delà, et qui le tourmente tellement qu'il ne s'en sort qu'avec difficulté: il ne se pardonne pas.

28. La difficulté principale du suicidé, une fois de l'autre côté, c'est de s'aimer lui-même assez pour se pardonner.

Michel : O.K.

Jim : Je vais l'aider.

Michel : Merci beaucoup.

Jim : Mais rappelle-toi qu'il a toujours la liberté de se choisir ou de refuser d'être. Tu comprends ?

Michel : Oui. Et merci.

Jim : Salut, les amis ! Je vous aime.

Tous : Au revoir, Jim !

François d'Assise

François : Bien, nous sommes revenus, bien, très bien. Cela vous a satisfait, cher ami ?

Michel : Ça va très bien, frère François.

François : Ah ! On remplit bien nos contrats dans nos rencontres, hein ?

Michel : Merveilleusement.

François : C'est magnifique… Ami Placide ?

P. : Oui, j'aimerais parler à mes parents, tout d'abord à mon père. Son nom est Napoléon.

François : Il a une prestance assez rassurée.

P. : Oui, c'était un homme solide.

(silence)

Mon père, Napoléon[29]

Napoléon.: Eh, salut, mon fils! Que j'suis content de pouvoir te parler!

P.: Oui, ça fait du bien de pouvoir se rencontrer après si longtemps! (*longue pause*)

Napoléon: Tu sais que j'ai beaucoup de regret, hein? J'ai faussé bien, bien des choses. J'ai même eu une image fausse de toi.

P.: Bien, c'était l'époque, hein?

Napoléon: On se comprenait pas. Mais t'es merveilleux, tu sais. Tout ce que tu fais, j'en suis épaté. C'est merveilleux. J'suis très fier de toi.

P.: Mais tout ce que vous[30] m'avez donné et appris, à travers ces difficultés-là, m'a été très utile.

Napoléon: Ça me réjouit, tu sais, d'entendre ça.

P.: Et c'est peut-être à cause de ça que j'ai pu faire ce que j'ai fait. Avec le temps je suis devenu plus conscient, j'ai pris conscience de mes valeurs, plus de confiance en moi.

Napoléon: Bien sûr. Tu vois, le regret qui m'imprègne l'âme, c'est de n'avoir pas pu, n'est-ce pas, exprimer combien je vous aimais, vous mes enfants.

P.: Oui, mais c'était comme ça à l'époque.

---

29. Né dans la Beauce, au Québec, il émigra au Manitoba au début du XXe siècle pour y travailler la terre. Son nom est sans doute lié au fait qu'il chérissait une statuette en marbre de l'empereur reçue de ses parents et qu'il avait placée sur le piano (c'était un petit homme). Mon père était un homme droit, travaillant, dur pour lui-même, pas sentimental du tout et très renfermé. Il a quitté ce monde en 1947 – même si, pour les gens de l'au-delà, il n'existe pas de temps!

30. À l'époque, on vouvoyait ses parents.

Napoléon: J'étais programmé, tu vois, et je ne savais pas montrer l'affection. Ça ne se faisait pas.

P.: Et de mon côté, j'étais révolté. Mais comme je vois ça, c'est ce que j'avais probablement choisi et peut-être que vous-même vous aviez choisi de vivre ainsi. On s'est entraidés de cette façon.

Napoléon: On apprend beaucoup, bien sûr, bien sûr.

P.: Ça m'a pris une quarantaine d'années avant de trouver la confiance en moi, j'avais tant de choses à…

Napoléon: À nettoyer, hein? Bien sûr.

P.: La colère.

Napoléon: La tristesse également.

P.: Et l'incapacité de m'exprimer: je me sentais étouffé.

Napoléon: Bien sûr.

P.: Je suppose que chacun doit passer par là. Ma façon de le faire…

Napoléon: Mais tu sais ce que j'apprends sur l'autre plan: c'est pas la manière.

P.: Non.

Napoléon: Oh! Pas du tout!

P.: Mais en même temps, il y avait là quelque chose qu'on avait choisi.

Napoléon: Ah! ça c'est sûr, ça c'est sûr.

P.: Et maintenant, que faites-vous pour occuper votre éternité? *(rires)*

Napoléon: Hum, j'aime ta question. Eh bien, je suis très occupé, je fais beaucoup de… *(hésitation)* de création manuelle.

P.: Oui, vous étiez très habile de vos mains.

Napoléon: Voilà, je continue encore.

P. : Et vous voyez la famille, vous vous en occupez ?

Napoléon : Oh oui ! on est ensemble ; pas toujours, mais on est ensemble.

P. : Et tous ceux qui sont décédés sont avec vous ?

Napoléon : Bien sûr, bien sûr. Des fois, on change de plan, tu vois[31].

P. : Vous êtes à un niveau... complètement libéré, dans la lumière ?

Napoléon : Hiii ! Pas tout à fait, des fois je reviens près de vous.

P. : Donc, vous suivez ce que je fais, vous m'encouragez.

Napoléon : Ça aussi.

P. : Vous m'aidez.

Napoléon : Oui, c'est certain.

P. : Bien, je vous remercie beaucoup pour tout ce que vous avez fait. Et il n'y a pas de regret à avoir.

Napoléon : Pas du tout. Tu sais que ça me rend heureux d'entendre ça.

P. : Et j'aimerais dire la même chose à maman, Valentine.

Napoléon : Elle est à côté. Attends, elle s'en vient. Je t'embrasse bien fort[32] !

P. : Moi aussi, je vous embrasse.

---

31. « Plan » signifie ici non pas « projet » mais « dimension » : vers des fréquences plus élevées ou vers la terre.
32. Sur terre, mon père ne m'avait jamais embrassé.

*Texte reçu de mon père par écriture automatique à tra-
vers la médium Marjolaine Caron (printemps 2005) :*

Merci mon fils pour
ton pardon, ta Lumière
et ton amour !
Que tes écritures continuent
de se répandre dans le
cœur des hommes. J'ai
remercié Dieu de m'avoir
prêté un Être aussi bon
et grand que toi et je
lui ai demandé pardon de
ne pas t'avoir « reconnu ».
Il m'a dit que c'est ainsi
que tu t'étais formé ; que
tu avais développé tes forces
et tes talents et ta foi !
Dieu te bénisse Placide !
Notre Amour t'accompagne. Papa
                        Je t'aime [33]

---

33. Son écriture est assez typique de quelqu'un qui n'a pas fait d'études –
il n'avait fait que deux ans d'école, et ce, dans les années 1890.

Valentine, ma mère[34]

Valentine: Hééé… (*très doucement et lentement*) Salut, mon cher fils! J'admire ce que tu fais. Tu sais, quand tu joues du piano, je suis assise à côté de toi sur le banc.

P.: (*rire*) Ah! oui?

Valentine: Ah! c'est tellement beau!

P.: Vous aimez?

Valentine: Ah oui!

P.: Vous vous souvenez, quand on était petits, on ne pouvait parler de ses émotions intimes avec les parents?

Valentine: C'est déplorable, tu sais. Et pourtant, je vous aimais tant. Mais tu sais, le but de l'expérience, mon fils, le but de l'expérience terrestre était de te connecter avec ton âme, de t'aimer pour ce que tu es.

P.: Je suis arrivé à faire ça, oui.

Valentine: Voilà.

P.: Ça a pris du temps, beaucoup de temps.

Valentine: Mais tu sais que le temps n'a pas d'importance. Tu vois, je parle comme un grand sage! J'ai changé…

P.: Et que faites-vous de l'autre côté?

Valentine: Oh! moi, je me promène dans de beaux jardins. C'est merveilleux!

P.: Et vous rencontrez les gens que vous avez connus sur terre?

Valentine: Ça aussi, bien sûr. Oh oui! on se retrouve.

---

34. Née au Manitoba, elle était une femme forte, joyeuse, très pieuse, aimant la musique et les arts. Dans son courage et sa bonté, elle éleva une famille de 14 enfants, trois étant décédés en bas âge. Je suis l'avant-dernier. Ma mère partit en 1957, dix ans après son mari.

P.: Et vous êtes en contact avec ceux qui sont encore ici?

Valentine: Oui, également. Tu vois, tu joues du piano et je suis assise à côté de toi.

P.: Il n'y a plus d'écran, plus de séparation… Eh bien, je vous remercie pour tout ce que vous avez fait pour moi. Je me souviens tout de même de certains moments de tendresse pendant mon enfance.

Valentine: Il y en aura encore, mon fils: tu sauras capter mon énergie. Sois pas étonné si tu sens le parfum des fleurs, ce sera le signe de ma présence.

P.: Merci beaucoup, maman.

Valentine: T'es bien d'accord?

P.: Certainement, et merci… Maintenant, j'aimerais parler à Gabriel, mon frère.

Valentine: Ah! bien sûr, bien sûr, il n'est pas loin. Alors, je t'embrasse et je t'aime.

P.: Merci, je t'aime moi aussi.

Texte reçu de ma mère par écriture automatique à travers la médium Marjolaine Caron (printemps 2005): «Mon fils bien-aimé. Je suis avec toi, Placide, je viens te dire merci pour ton amour et pour ta lumière. Ma vie sur terre avec vous, mes chers enfants, a été une vie très évolutive pour moi. C'est dans le choix du don de soi aux enfants que Dieu m'avait confiés, que j'ai reçu la grâce, la force et le courage de rendre l'âme! J'ai toujours vu en toi le missionnaire, le prêtre, l'enseignant. Pour moi, Placide, tu étais l'homme que j'aurais aimé comme mari: un être sensible, ouvert, intelligent. Mais, vois-tu, c'est avec ton père que je venais évoluer et grandir. J'étais très croyante. Nos croyances de l'époque nous ont parfois gardés dans l'ignorance et la souffrance. Aujourd'hui, nous sommes en contact avec la Toute-Puissance et l'amour de Dieu, notre Père, et nous savons qu'Il ne souhaite pas voir ses enfants se mortifier, se sacrifier et souffrir. Bien au contraire... Tu as compris cela, toi, Placide! Ce n'est pas nécessaire de mourir pour être au ciel! Tu as encore beaucoup à dire, à écrire et à faire sur cette terre, mon garçon[35]*! Ta foi est ton message vivant! Puisses-tu continuer dans la certitude que tu es aimé, guidé et protégé!*

J'aurais aimé être une enseignante spirituelle comme toi. Lorsque je suis arrivée devant la Lumière, cette pensée s'est manifestée et la voix céleste m'a répondu: «Merveilleuse mère... Tu as enseigné au-delà de tous les maîtres, l'amour, le respect, le pardon, la foi... Tu as accompli ta mission. Maintenant, repose-toi, tu as tant travaillé et tant souffert... Viens, repose ton esprit!»

Placide, je t'accueillerai au paradis, nous serons tous là pour faire la grande fête! Continue, tu n'as pas d'âge, Placide... Je t'aime profondément... Ta maman XXX[36]*»*

---

35. Ma mère employait souvent l'expression «mon garçon», surtout quand il s'agissait d'une leçon importante à apprendre.
36. Quelques jours avant son décès, elle m'avait dit: «Tu crois qu'on ne t'aime pas, hein? Si tu savais.» C'est le plus loin qu'elle était allée pour dire son amour.

Gabriel, mon frère auquel j'avais déjà parlé

Gabriel: Ah ben, salut, mon frère!

P.: Pour une deuxième fois.

Gabriel: Tu vois, tu étais mon frère de la terre et maintenant nous sommes frères de lumière!

P.: Tu savais que j'allais te contacter?

Gabriel: Bien sûr, je t'attendais.

P. : Alors, j'ai des questions à te poser. J'aimerais savoir comment tu as vécu ton décès ?

(*moment de silence*[37])

Gabriel : Ben, tu vois, ce qui s'est produit, ce fut un choc. J'étais perdu. Mais il y a eu des énergies de lumière qui sont venues à ma rencontre pour me rassurer.

P. : Tu as reconnu certaines personnes ?

Gabriel : Ah ! mais bien sûr !

P. : Ça a pris beaucoup de temps ?

Gabriel : Pas tellement, pas tellement.

P. : Tu es entré dans la lumière assez tôt.

Gabriel : Oui, bien sûr, c'est comme une force qui nous attire[38].

P. : Oui, c'est justement ce qu'on appelle le passage du tunnel. Mais toi qui ne croyais pas tellement à l'immortalité, tu as dû être surpris ?

Gabriel : Et comment !

P. : Maintenant, tu es vraiment convaincu que tout ça est très réel ?

Gabriel : Ah ! je peux te le confirmer, preuves à l'appui. *(rires)* Ah ! ça c'est sûr !

P. : Tu étais un esprit scientifique, un rationnel.

Gabriel : Ben oui.

P. : Mais tu avais beaucoup de tendresse, même si ça ne passait pas à travers ta science. Tu restais plutôt dans les idées.

Gabriel : T'as bien raison.

---

37. Gabriel est décédé subitement.
38. Une des meilleures descriptions du tunnel que j'aie rencontrées dans les récits de l'au-delà.

P. : Ce qui ne nous empêchait pas d'avoir de très bonnes discussions quand même.

Gabriel : Ben oui, on était deux êtres passionnés, n'est-ce pas ?

P. : J'aimerais savoir ce que tu fais maintenant. Tu étais très habile de tes mains.

Gabriel : Oui, je fais toutes sortes de choses avec papa, des constructions. On est très occupés. Tu sais qu'il y a un avantage sur notre plan, hein ? C'est moins physique : c'est magique. Je vais t'expliquer pourquoi : t'as juste à centrer ta pensée et c'est manifesté[39].

P. : Ah oui ! tout se passe au plan de la pensée. Mais il y a tout de même une forme de matière subtile sur laquelle vous travaillez ?

Gabriel : Oui, bien sûr.

P. : Vous pouvez faire des constructions même avec cette matière-là ?

Gabriel : Également. C'est magnifique, hein ?

P. : Et tu es avec la famille ?

Gabriel : On est ensemble.

P. : Et tes enfants sur terre ?

Gabriel : Je les observe et j'apprends même à travers eux.

P. : De l'autre côté, on semble apprendre plus qu'ici-bas…

Maintenant, Gabriel, j'aimerais parler à oncle Olivier, s'il te plaît ?

Gabriel : Alors, je te fais mes salutations.

(*silence*)

---

39. Comme le montrait une âme désincarée dans le film *Mon fantôme d'amour*.

Olivier, mon oncle préféré

Olivier: Eh bien, salut à toi! Oncle Olivier ici présent (*avec force et joie*).

P.: Salut bien, cher oncle.

Olivier: Ah! que je suis content que tu m'appelles! J'suis toujours un bon vivant, hein? J'suis pas mort. Ça n'existe pas, la mort, mes amis! Toujours un bon vivant!

P.: Oui, vous étiez un paquet de joie sur terre.

Olivier: J'ai pas changé, tu vois?

P.: Vous faisiez de la danse, de la musique.

Olivier: Bien oui, et je continue.

P.: Faites-vous aussi des travaux, des études?

Olivier: Oh! j'apprends beaucoup.

P.: Mais vous êtes plutôt dans la célébration?

Olivier: Toujours. Une fête éternelle, tu vois bien. Ça me donne l'occasion aussi d'accueillir d'autres âmes, de les rassurer.

P.: Ah bon! Celles qui arrivent et qui…

Olivier: Se sentent perdues. Je vais à leur rencontre.

P.: Comme Gabriel.

Olivier: On fait ça ensemble.

P.: Je veux dire que lui aussi se sentait perdu à son arrivée.

Olivier: Eh oui! Eh oui! J'étais là, t'inquiète pas.

P.: Oncle Olivier, je vous remercie pour toute la tendresse que vous m'avez manifestée sur terre. Vous nous respectiez beaucoup.

Olivier: Eh bien, j'apprécie, j'apprécie. Et je peux te dire aussi que je trouve ça merveilleux, tout ce que tu fais.

P.: Merci, ça m'encourage beaucoup.

Olivier: Et quand tu joues du piano, moi aussi je suis avec toi. Des fois, t'as l'impression d'être seul, hein? Mais oublie ça, y a toute une troupe d'amis qui sont là auprès de toi. Et tu sais quoi?

P.: Non.

Olivier: Quand tu joues ta musique, je danse avec ta maman!

P.: Ah bon!

Olivier: Oui, oui, oui.

P.: Donc, c'est un *party*, en fait?

Olivier: Ah! bien sûr, bien sûr!

P.: Alors, je vous remercie encore, et on va continuer de travailler ensemble.

Olivier: Eh! bien sûr! Si t'entends jouer du violon, sois pas étonné. Quand tu vas jouer du piano, je t'accompagnerai. T'es bien d'accord?

P.: Oui.

Olivier: Alors, je te salue!

P.: Maintenant, si c'est possible, j'aimerais parler à Pierre Teilhard de Chardin.

(silence)

(**François d'Assise** *reprend place.*)

François: Vous avez bien dit *Telard* de Chardin?

P.: Non. Teilhard…

François.: Un instant, un instant.

P.: Il était jésuite.

(silence)

Pierre Teilhard de Chardin

Teilhard: Très heureux, très heureux d'être avec vous, mes chers confrères.

Tous: Bonjour et bienvenue!

P.: Pierre Teilhard, je viens de finir un livre (*Les dix lois cosmiques*) avec l'aide de Lucien Hardy...

Teilhard: Et la mienne aussi. Ah oui!

P.: En effet, il y a beaucoup de votre pensée dans ce livre.

Teilhard: Voilà!

P.: Je me disais aussi, en le composant, qu'il y avait quelque chose de très semblable à votre vision, telle qu'on la trouve dans *Le phénomène humain*...

Teilhard: Je suis complice avec ce cher ami... Entre confrères, on se reconnaît bien[40]!

P.: Je voudrais vous demander si le père René d'Ouince, qui a été votre supérieur, est avec vous? Il a été mon conseiller spirituel pendant mon année d'étude en France[41].

Teilhard: Bien. *(appuyé)*

P.: C'était un homme très respectueux, très intelligent et très bon.

Teilhard: Hum. Bien d'accord avec vous.

P.: Et je vous demanderais de le saluer, si vous le voyez.

Teilhard: C'est déjà fait.

P.: Bon. J'aimerais aussi vous poser une question, maintenant que vous êtes dans la lumière: la première fois que la

---

40. Comme Pierre Teilhard de Chardin, Lucien Hardy ainsi que moi étions également jésuites: Chardin jusqu'en 1955, Hardy jusqu'en 1966, et moi jusqu'en 1983.
41. Il fut pendant 17 ans le supérieur de Teilhard, dont il a également écrit une excellente biographie.

vie apparaît dans la matière au cours de l'évolution, cette vie n'est-elle pas consciente ou proto-consciente?

Teilhard: *(un instant)* Il y a bien sûr cet aspect de conscience, effectivement.

P.: Oui. Parce que même dans une plante ou un unicellulaire, il y a déjà de l'intelligence, de la sagesse, de la conscience.

Teilhard: Effectivement.

P.: Donc, la conscience ne peut venir de la matière.

Teilhard: Nullement.

P.: Ça vient de la Conscience...

Teilhard: De la Souche.

P.: De la Source[42]. C'est ce que je pensais. Mais c'est probablement vous qui me l'aviez inspiré, car c'est en l'écrivant que je l'ai découvert!

Teilhard: Mais voilà, j'ai guidé ta main.

P.: Bien oui. Cependant, je n'ai pas une vision centrée sur le Christ comme la vôtre, c'est là quelque chose qui ne me convient ni ne m'inspire. Je vois ça plutôt comme la divinité totale, la conscience universelle.

Teilhard: Très bien, très bien perçu.

P.: Dans ce sens-là, je ne suis pas chrétien, mais ça se rejoint; il est question finalement de la conscience d'amour.

Teilhard: Effectivement.

P.: Et voilà. Pierre Teilhard, auriez-vous un conseil à me donner?

---

42. Remarquez que Teilhard dit «souche» au sens de «racine», en raison de sa façon de voir l'évolution des formes à partir de la nature, alors qu'au lieu de reprendre son expression, je la transpose en «source» parce que, dans ma vision, il s'agit de la Source de toute vie, Dieu. Voilà un exemple qui montre que s'il est vrai que les entités lisent notre pensée, elles ne la commandent pas.

Teilhard: Continuez d'écrire. (*rires*) Continuez d'écrire. (*insistant*) Nous sommes complices ensemble.

P.: Merci beaucoup et mes salutations au cher père d'Ouince. Il m'a donné un seul conseil au moment de se quitter. Il m'a dit: «Battez-vous pour ce qui en vaut la peine.»

Teilhard: Et c'est ce que vous faites d'ailleurs. Vous remplissez bien la mission.

P.: Oui?

Teilhard: Mes salutations, mes amis!

Tous: Au revoir et merci!

P.: Maintenant, j'aimerais parler à **Jean Lerède**[43].

(long arrêt)

Jean: Bien, salut, cher confrère! *(avec fermeté et rapidité)*

P.: Ah! bonjour, Jean.

Jean: Ehhh!

P.: Vous allez bien?

Jean: Oh! que si! je vais très, très bien!

P.: Car lors des dernières nouvelles à votre sujet, vous aviez encore des difficultés à vous aimer vous-même?

Jean: Ah! que si! Qu'on se complique les choses, hein?

P.: En effet.

Jean: Comme on s'entête contre soi-même. Ça n'a pas de bon sens. (*avec force*)

P.: Je vous ai admiré et aimé quand vous étiez sur terre et je vous envoie toujours des prières.

Jean: Je l'apprécie, d'ailleurs, je les reçois très bien.

---

43. Psychothérapeute, auteur et conférencier de renom travaillant à Montréal dans les années 1985 à 1995.

P.: Eh bien, je vous remercie de votre amitié. Mais je pense que vous aviez peur de l'affection, n'est-ce pas?

Jean: Oh oui! oh oui! je croyais pas à ça du tout, moi.

P.: Et de plus, vous aviez une vision très protestante, où il n'y avait pas beaucoup de joie.

Jean: Et même très limitée, tu sais.

P.: Cependant, il y avait eu un éveil. Alors, ami Jean, je vous remercie de toute cette période-là…

Jean: Je voudrais te faire part d'une chose, cher ami…

P.: Oui.

Jean: Que lorsque nous sommes connectés à l'énergie de nos âmes, connectés dans la lumière qui est répandue à travers les univers, si tu savais à quel point, à quel point nous nous transformons.

P.: Et transformons les autres sans le savoir.

Jean: Aussi. *(murmuré)* C'est merveilleux, tu sais.

P.: Ça ne se fait jamais séparément.

Jean: Voilà. Tu parles comme un grand sage.

P.: Bien, je me souviens que vous aviez beaucoup aimé mon livre *L'homme qui commence*, vous étiez là à sa parution. Mais on s'est quittés pas longtemps après: vous étiez un peu trop dominant.

Jean: Bien sûr, bien sûr. Oh, j'avais pas le caractère facile, hein?

P.: C'est ça.

Jean: J'étais *boqué*. Hein, *boqué* et têtu[44]?

P.: Et maintenant, quel travail faites-vous?

---

44. Boqué: n. et adj. Boudeur, entêté, têtu. *Dictionnaire des canadianismes*, Larousse, 1989.

Jean : Ah ! tu vas rire de l'entendre, je fais comme toi, je donne des conférences.

P. : Vous en faisiez déjà à l'Université de Montréal, je m'en souviens.

Jean : Je continue d'en faire.

P. : Et vous parliez un français tellement parfait !

Jean : Bien, voilà.

P. : Et vous parlez quelle langue l'autre côté ? Vous communiquez par la pensée seulement ?

Jean : Justement.

P. : Ça se transmet immédiatement.

Jean : Effectivement.

P. : C'est merveilleux. Eh bien, merci beaucoup d'avoir été avec moi sur terre et d'être avec moi maintenant.

Jean : Bien sûr, ça fait plaisir, tu vois, qu'en effet tu gardes de bons souvenirs même si j'étais compliqué et rigide.

P. : Oui, je vous aimais, mais… vous aviez des choses à vivre, hein ?

Jean : Bien sûr.

(salutations)

François d'Assise revient.

P. : François, j'aimerais bien maintenant parler à Constantin Fotinas.

(silence)

Constantin : Bien, ici présent, très heureux de manifester ma présence.

P. : Bonjour, Constantin.

Constantin: Bien, eh, tu m'as pas oublié?

P.: Non, absolument pas.

Constantin: Ah! que j'suis content!

P.: Bien, je n'étais pas allé te voir vers la fin, mais je n'oublie jamais ceux que j'ai aimés.

Constantin: Ah ça! je sais très bien le reconnaître. Et vous aussi, mes amis, n'est-ce pas?

(un oui de chacun)

C'est comme la chanson *Quand j'aime une fois j'aime pour toujours (de Richard Desjardins)*?

P.: Ah oui! vous la connaissez? *(rires)*

Constantin: Ha! Bien sûr!

P.: Comme ça, de l'autre côté, tu te reposes ou tu travailles?

Constantin: Oh! je continue, hein. J'ai pas lâché.

P.: T'as pas lâché. Et tu fais encore de l'enseignement?

Constantin: Oui, entre autres, bien sûr.

P.: Et tu aides les enseignants terrestres à s'humaniser?

Constantin: Bien sûr, je travaille sur les deux plans.

P.: Apprends-tu encore des choses?

Constantin: Oh! que si! J'enseigne et l'on m'enseigne.

P.: Ah bon! Tu ne sais pas tout encore?

Constantin: *(murmuré)* Oh! pas du tout[45]!

P.: *(rires)* En tout cas, Constantin, je te remercie beaucoup pour tout.

Constantin: Bien.

---

45. Constantin était compétent dans à peu près tous les domaines, en sciences, en cinéma, en éducation, en philosophie, en mythologie, etc.

P. : J'ai beaucoup apprécié ton amitié, tu étais un être tellement merveilleux sur terre, et je suis sûr que ça va durer pendant toute l'éternité !

Constantin : Et pourquoi pas[46] ?

P. : Merci.

Constantin : Mes salutations.

[…]

(François d'Assise revient.)

P. : Maintenant, j'aimerais dire quelques mots à un ami jésuite, **Louis Plamondon**[47].

François : Eh, cher ami, vous demandez toute la hiérarchie de votre entourage ?

P. : Bien oui, s'ils sont disponibles !

François : Un instant…

(silence)

Louis Plamondon

Louis : Bien, bien, bien, bien salut, salut ! Que j'suis content, que j'suis content !

P. : C'est Louis ?

---

46. C'était une de ses expressions favorites.
47. Louis était le plus proche de mes confrères jésuites ; il avait fait ses études avec moi à Saint-Boniface, au Manitoba, et il est entré dans l'ordre en 1950. Ensuite, il fut envoyé en mission en Éthiopie, pour y finir comme supérieur.

Louis: Bien sûr.

P.: Tu te souviens qu'on avait fait un pacte ensemble lors de notre dernière rencontre terrestre?

Louis: Bien sûr. Et on le maintient, ce pacte.

P.: Il était question de quoi?

Louis: Pour autant que je peux bien le cerner... c'est au niveau de l'amitié... qu'on serait toujours unis au niveau du cœur et de l'âme.

P.: Oui. Et quand je mourrais[48]...

Louis: Que je serais avec toi... et vu que j'suis parti le premier, t'inquiète pas, j'vais être là.

P.: Raconte-moi comment s'est fait ton passage? Tu as été bien reçu?

Louis: Oui, bien, très, très bien.

P.: Quelqu'un t'a reçu?

Louis: Ah! bien sûr! J'étais enveloppé d'un amour tel que je pouvais pas retourner en arrière[49].

P.: Non, c'est sûr! C'est merveilleux... Louis, je me rappelle que tu as toujours eu un peu peur de moi et de l'immense affection que je te portais? Tu t'en souviens?

Louis: Ah! bien sûr!

P.: Tu étais un peu bloqué sur ce plan-là?

Louis: Certainement. Je te sentais tellement fort et moi si petit à côté de toi.

---

48. Lors de la dernière rencontre avant le décès de Louis, le 31 décembre 2002, j'ai eu l'idée de ce pacte parce que je savais mystérieusement qu'il allait nous quitter. De fait, il est retourné le lendemain en Afrique et mourut le surlendemain, c'est-à-dire le 2 janvier 2003. On s'était entendus pour que le premier qui partirait, reçoive l'autre.

49. C'est la réaction de la plupart de ceux qui ont expérimenté une «mort clinique» et qui, à contre-cœur, doivent revenir sur terre.

P. : Vraiment ?

Louis : Même si t'es pas grand de forme, je me sentais petit[50].

P. : Louis, sache que s'il y avait quelque chose de charnel dans mon affection, c'était également beaucoup plus fort que ça. Tu le reconnais ?

Louis : Ah ! effectivement.

P. : Et ça dure puisque je prie toujours pour tous les gens que j'ai aimés.

Louis : Ah ! et tu fais bien !

P. : Donc, si tu m'aides à mon décès, comme tu le dis… je vais avoir tellement d'aide…

Louis : Tu sauras plus laquelle choisir, hein ? Bien sûr.

P. : Merci beaucoup, Louis.

Louis : J'apprécie, j'apprécie.

P. : Tu vois certains de nos profs l'autre côté ?

Louis : Ah ! bien sûr !

P. : Il y en a donc qui sont allés « au ciel » ?

Louis : Ah ! y en a bien qui attendent encore à la porte !

(éclats de rire)

P. : Bien, merci pour tout.

Louis : Je te salue.

P. : Et c'était merveilleux !

(salutations d'usage)

---

50. Il a dû croire, faussement bien sûr, que n'étant pas un intellectuel, il m'était inférieur.

QUATRIÈME RENCONTRE
(7 mars 2004)

Participants:
P., Michel et un invité

Contacts dans l'au-delà:
Lucien Hardy, François d'Assise,
Antoine de Saint-Exupéry, Jésus

Lucien Hardy

(salutations d'usage)

Lucien: On a bien travaillé, hein?

P.: Oui, je n'écris pas ces temps-ci, mais j'ai l'impression qu'il y a des choses qui se préparent.

Lucien: Oh! Mais ça écrit dans ton cœur!

P.: Ah oui? En tout cas, j'avais des questions à vous poser.

Lucien: Bien, bien.

P.: La première, je l'ai écrite parce qu'elle était un peu compliquée. Voici: Ce vécu d'une vie précédente est-il transféré à la vie actuelle, c'est-à-dire y a-t-il un choix complètement libre du destin qu'on va vivre, ou est-ce que ce destin est fatalement grevé des résultats de la dernière incarnation?

Lucien : Cher ami, écoutez bien ceci : Vous pouvez par vos choix, n'est-ce pas, conserver certaines bribes dans vos mémoires[51]?

P. : Donc, il y a un choix, ce n'est pas inévitable?

Lucien : Justement. L'objectif, voyez, est de parvenir à finaliser, à compléter ou à continuer son cheminement. Ou encore, de faire le choix de ne plus reproduire tel passé.

P. : Donc, ce n'est pas comme le veut l'interprétation hindoue (ou celle des thérapeutes précédemment mentionnés), où on ne peut éviter l'enchaînement de la fatalité?

Lucien : Non, il n'y a pas de fatalité. Il y a toujours l'exercice du libre arbitre.

P. : Maintenant, *Les compagnons du ciel* – le titre d'un livre dont je vous ai parlé –, est-ce que vous voulez que je l'écrive?

Lucien : Mais je fais partie de ces compagnons!

P. : Donc, c'est une bonne chose?

Lucien : Bien sûr. Tu vois que tu es connecté à l'ensemble?

P. : Oui, mais je pensais que cette idée ne venait que de moi. Mais j'y pense… quand ça vient de moi, ça vient autant de vous autres. Donc, j'ai ma réponse.

Lucien *(avec force enthousiasme)* : Ah! Magnifique, magnifique! Vous avez compris!

---

51. Par conséquent, il serait imprudent d'affirmer, comme le font certains psychothérapeutes, que nos expériences et traumatismes d'une autre vie seront inévitablement reportés sur la vie présente. Selon eux, toutes nos maladies seraient dues à des mémoires non résolues, non reconnues ou encore à des actes négatifs passés. On remplace ainsi la culpabilité chrétienne – celle d'être né pécheur – par une autre, celle d'être malade. Jamais on ne conçoit que l'âme a pu librement choisir cette condition!

P. : Autre question : J'ai beaucoup de peine à accepter des mots comme « Christ » ou « christique » – c'est un vocabulaire qui ne convient pas du tout à ma façon de voir. Je vois le divin d'une façon toute différente...

Lucien : Très bonne perception, d'ailleurs !

P. : Et je n'accepte pas qu'il y ait un dieu qui exige qu'on souffre pour lui.

Lucien : Nullement : c'est une trajectoire qui a été faussée !

P. : Il y a aussi des événements que je trouve très discutables et auxquels finalement je ne crois pas : tout d'abord la crucifixion de Jésus. Qu'en est-il au juste ?

Lucien : Concevez bien que ce qui fut apporté de ces enseignements, plus que la moitié en sont faussés. Jésus n'a jamais été crucifié. Voyez que ce qu'on a propagé à travers ces mythes, on a programmé les êtres à s'entretenir dans la souffrance. Pour se racheter à qui ? Ce n'est pas ça, la vie, ce n'est pas de souffrir, c'est d'être heureux...

P. : ... et d'aimer.

Lucien : Et d'aimer, effectivement.

P. : Et que faut-il dire du fameux saint suaire de Turin ?

Lucien : C'est une pure invention, car Jésus n'est pas mort sur une croix. À une certaine époque, il y avait une vingtaine de ces suaires qui étaient inspirés de la fausse idée que Jésus devait souffrir pour apaiser la colère de son Père, et que c'est en souffrant qu'il allait sauver le monde.

P. : Justement, comme vous l'aviez déjà dit, Jésus n'est pas mort sur une croix...

Lucien : ... mais à Srinagar, en Inde.

P. : Je suis content de connaître la perspective de l'autre côté, qui permet de corriger la nôtre.

Lucien: Ah! merci!

P.: Mais, autre question: N'existe-t-il pas une hiérarchie parmi les âmes, par exemple, quand on parle du Bouddha, de Jean Klein, qui ont quand même atteint un niveau très élevé de conscience?

Lucien: Chère âme, écoutez bien ceci: Nous sommes l'ensemble...

P.: Oui?

Lucien: ... et chacun est lumière, et même sur le plan terrestre, vous êtes tous lumière, vous êtes l'ensemble.

P.: Totalement divins.

Lucien: Effectivement.

P.: Donc, il n'y a pas vraiment de degrés, seulement des êtres qui sont plus remplis de l'énergie divine?

Lucien: Oui.

P.: Et, par conséquent, vous pouvez les contacter directement.

Lucien: Voilà! Bien sûr!

P.: Donc, je pourrais facilement parler à Jean Klein, par exemple?

Lucien: Bien oui!

P. (hésitant): ... Pas ce soir, mais la prochaine fois!

Lucien: D'accord, il va le noter dans son agenda. (*rire général*)

P.: Ainsi, Maître Eckhart, vous le connaissez et l'avez rencontré...

Lucien: Bien sûr.

P.: C'est un de ces êtres purs qui voient le divin comme inconnaissable, comme une conscience éternelle, et il n'y a pas cette idée de souffrance dans sa perspective. Voilà quelqu'un qui me convient beaucoup, par opposition à ceux qui ont fait de la souffrance le moyen de « se sanctifier ».

Lucien : Entièrement d'accord avec vous.

P. : Bon, ça va vite, aujourd'hui !

Lucien : Hein !

P. : Dernière question : Existe-t-il un karma de groupe – par exemple, celui des Juifs, des Québécois ?

Lucien : Des karmas collectifs ?

P. : Oui. Ça existe ?

Lucien : Bien sûr.

P. : Je pensais que chaque âme avait un parcours unique.

Lucien : Individuel, mais aussi collectif.

P. : Ça veut dire que chacun de nous ici est essentiellement canadien ou québécois sur le plan de notre destin ?

Lucien : C'est choisi.

P. : Oui ?

Lucien : Voyez par exemple certains pays qui sont plus éprouvés que d'autres…

P. : Comme l'Afrique ?

Lucien : Chaque âme a choisi d'y vivre.

P. : Donc, les Juifs, aussi longtemps qu'ils restent accrochés aux croyances de l'Ancien Testament…

Lucien : … ont choisi ce destin.

P. : Et ils y sont reliés aussi longtemps…

Lucien : … qu'ils ne s'en départiront point.

P. : Même ceux qui tout en étant de race juive n'adhèrent pas aux croyances de ce peuple ?

Lucien : Ils ne font pas partie de cette race par hasard : ils l'ont choisie.

P.: Donc, vous êtes d'accord avec ce que j'ai écrit à leur propos dans *La vie intérieure*?

Lucien: Bien sûr. J'ai guidé votre main, d'ailleurs.

P.: C'est parfait. Merci. Maintenant, j'aimerais parler à Antoine de Saint-Exupéry... et je vous reviendrai après.

Lucien: Ah! d'accord. Un instant...

(silence)

Antoine de Saint-Exupéry

L'ange gardien d'Antoine: Je vous fais part auparavant du message qui a été présenté par la main et par le cœur de ce cher ami.

P.: C'est M. de Saint-Exupéry?

L'ange: Non, son ange. (Il viendra à l'instant.) Cet être sur terre s'est laissé inspirer par ce qui lui a été communiqué. Il a choisi la mission suivante: propager le contenu de l'histoire du Petit Prince.

P.: Ce qu'il était lui-même.

L'ange: Bien sûr. À votre tour, chacun d'entre vous a dû se choisir un lieu secret où il se retrouve avec lui-même, y prenant contact, écoutant et entendant les résonances de son cœur. Durant la première phase de votre vie, vous vous êtes senti seul avec vous-même. Mais vous ne l'étiez point. Alors, voyez que vous avez tous un Petit Prince dans votre cœur.

P.: On a vécu quelque chose de parallèle, bien sûr.

L'ange: Effectivement... Un instant...

Antoine: Bien, très heureux, n'est-ce pas, de prendre place et de communiquer avec vous.

Tous: Bonjour, Saint-Ex.

P.: J'admire énormément ce que vous avez écrit.

Antoine: Bien, bien.

P.: Je pense qu'avec Camus, vous êtes le meilleur écrivain français parce que vous étiez vrai, pur et clair.

Antoine: Il y avait en effet du contenu.

P.: C'est que vous disiez uniquement ce que vous viviez.

Antoine: Effectivement.

P.: Et vous vous posiez souvent la question: «Que faut-il dire aux hommes d'aujourd'hui?» Maintenant, monsieur de Saint-Exupéry, que pensez-vous qu'il faudrait leur dire?

Antoine: Cher ami, écoute bien ceci.

P.: Oui, oui.

Antoine: En tant qu'écrivain, toi aussi, en laissant parler toute la sensibilité de ton cœur, par quoi ton âme est connectée aux entités de lumière, tu sais bien capter et ressentir leurs messages. Mais reconnais aussi qu'il a été bien sûr une étape où tu ne pouvais reconnaître cette sensibilité de ton être.

P.: C'est vrai… Donc, j'étais alors au niveau de ces gens qui ne comprennent pas…

Antoine: Que peut-on dire aux hommes? Tu as déjà commencé à le faire dans le contenu de tes écrits.

P.: C'est ça qu'il faut continuer de faire?

Antoine: Effectivement.

P.: Vous allez m'inspirer?

Antoine: Assurément.

P.: Car j'aimerais un jour écrire des contes – peut-être pas aussi beaux que *Le Petit Prince* –, mais si vous pouviez m'aider… (*rires*) ce serait merveilleux.

Antoine: Bien, d'accord. Alors viens retrouver le Petit Prince qu'il y a dans ton cœur…

P.: Eh oui, c'est ça… Heureusement que vous ne vivez pas aujourd'hui, vous n'étiez déjà pas très content de votre époque. Vous disiez: «Je hais ma civilisation.»

Antoine: Bien sûr. Les humains ne comprenaient pas. Et c'est encore comme ça, constate bien. C'est encore ainsi.

P.: C'est même bien pire… Et maintenant, puis-je vous demander ce que vous faites dans l'éternité? Vous écrivez toujours?

Antoine: Ah! mais bien sûr!

P.: Ou bien vous inspirez les écrivains?

Antoine: Aussi. Je travaille dans certains petits groupes en France.

P.: Ah bon! travaillez-vous aussi chez nous?

Antoine: Bien sûr. *(rires)*

P.: D'ailleurs, vous étiez déjà venu au Québec dans les années 1940.

Antoine: Voilà!

P.: Eh bien, je vous remercie de vos écrits ainsi que de vos conseils. Je trouve que c'est merveilleux, ce que vous avez fait sur terre, et ce que vous faites maintenant doit l'être encore plus!

Antoine: Et constate bien aussi, pour ta part, que ce que tu émets de toi-même, c'est le merveilleux…

P.: Merci beaucoup.

Antoine: Sache-le bien!

P.: Merci et au revoir.

Antoine: Mes salutations.

Tous: Merci à vous!

(silence)

Lucien Hardy

Lucien: Bien, j'ai repris place.

P.: J'aurais aimé savoir s'il était possible de parler à Jésus?

Lucien: À ce cher ami?

P.: Vous savez, je me sens un peu intimidé, on l'a tellement divinisé!

Lucien: Un instant, un instant.

(long silence)

Jésus

Jésus: Très heureux de pouvoir manifester ma présence...

Tous: Bonjour, Jésus.

Jésus: ... et de vous reconnaître en tant qu'enfants de lumière et aussi en tant qu'enfants de mon Père. Avec joie, sachez-le bien, vous reconnaissant dans l'intense pureté de vos âmes.

P.: Merci beaucoup d'être avec nous. Quand j'étais petit, ma dévotion envers vous était grande, elle a diminué un temps...

Jésus: Sachez que cette dévotion, elle doit aller vers mon Père[52].

P.: Un de vos messages était que tous les humains sont divins...

Jésus: Effectivement.

P.: Comme vous l'étiez vous-même.

---

52. C'est une mise au point qui pourrait surprendre ceux qui concentrent toutes leurs dévotions sur Jésus, le Sacré-Cœur, ou qui voient Jésus comme Dieu, etc.

Jésus : En effet.

P. : Et que c'est là l'essentiel : de reconnaître le divin en soi et dans les autres…

Jésus : Voilà !

P. : … et que ce n'est pas la souffrance qui compte – elle n'est qu'une épreuve sur le chemin, mais ce n'est pas l'accent principal de votre message.

Jésus : L'accent principal, sachez-le bien…

P. et **Jésus** *(simultanément)* : C'est l'amour.

Jésus : Aimez vos frères, aimez vos sœurs de lumière.

P. : Votre message a été tellement déformé et galvaudé !

Jésus : C'est déplorable, bien sûr.

P. : À tel point qu'il n'y a plus moyen de savoir ce qui était vrai.

Jésus : Mais ce que vous avez retenu est l'essentiel.

P. : Oui ? C'est ce qu'il y a de plus important ?

Jésus : Effectivement. Et sache bien, mon cher frère, que je t'accompagne à tes conférences. Tu y donnes tellement d'ampleur. Ton objectif en cela est de remplir les cœurs et tu t'y donnes avec tant de passion ! Mais lorsque tu es en perte d'énergie, sache bien que je remplis ton cœur. Je suis avec toi. Ton cœur a déjà été blessé, mais tu vois qu'à travers ce que as choisi de donner, tu mets un baume sur ces blessures. Et tu te tournes vers les autres cœurs pour qu'à leur tour ils puissent se remplir. Alors, tu vois, tu accomplis tout cela au nom de mon Père.

P. : Oui.

Jésus : Bien. Je te bénis.

P. : Et quel conseil me donnez-vous ?

Jésus : De continuer d'écrire.

P.: *(rires)* C'est toujours le même conseil qu'on me donne. Donc, vous êtes d'accord avec ce que je fais?

Jésus: Certainement.

P.: Merci beaucoup.

Jésus: Bien. Alors je vous salue dans l'amour du divin.

Tous: Merci, Jésus, et au revoir!

(salutations et boniments d'usage)

CINQUIÈME RENCONTRE
(17 avril 2004)

Participants:
P., Michel et des invités

Contacts dans l'au-delà:
Jeanne Mance, François d'Assise, Lucien Hardy
Carl Gustav Jung, Socrate

(salutations habituelles)

En état de clairvoyance, la médium parle à Suzanne, une institutrice qui enseigne aux petits: Ton lien avec les enfants n'est pas le fruit du hasard. Dans une autre vie, tu as été religieuse et tu t'occupais également des enfants. Il y a entre vous une grande affinité. Même avec les plus agités, tu parviens à établir un contact au niveau de l'âme. Et tu sens spontanément ceux qui ont besoin d'être aidés particulièrement, d'être encadrés, sécurisés. Tu ressens aussi la relation entre leurs parents et eux-mêmes. Ce contact avec les enfants, c'est une mission que tu t'es choisie. Par ton attitude envers eux, tu les nourris de beaucoup d'amour. Ça ne se manifeste pas nécessairement par la parole, mais par le ressenti. Je perçois, par exemple, un de tes petits : il est agité, négligé, et fait tout pour attirer l'attention. Il a grandement besoin d'être aimé. Quand tu lui parleras, regarde-le dans les yeux, car spontanément, c'est ce qu'il fait. C'est à travers le regard qu'il va capter ton ressenti. Il s'apaisera, car tu as le pouvoir de guérir. Dans une autre vie, tu as été également liée au monde des enfants : tu étais sage-femme. Tu étais alors amérindienne, et tu en as gardé des traits de personnalité : la détermination, le sens de la justice et l'intuition pour les médecines naturelles – les plantes. Et ce n'est pas par hasard que toi et ton compagnon François soyez sur le même chemin : vous vous êtes connus dans d'autres vies. Dans une incarnation, François a été ton père et il se souciait beaucoup de sa fille. Dans cette vie, il t'entoure, te protège, est toujours attentif. Il y a entre vous une affinité d'âme.

Suzanne : Merci, cela m'éclaire beaucoup. Maintenant, j'aimerais savoir ce que vous pouvez me dire de mes deux fils. Tout d'abord, Vincent.

(La médium entre en transe.)

François d'Assise

François : Ce fils est plein de douceur dans son regard, au point que parfois, il attire la pitié !

(éclats de rire)

Suzanne : Vous le connaissez bien !

François : Mais à travers tout ça, il devra savoir bien se servir de sa force, pour son propre avancement. C'est pourquoi il convient de votre part de montrer une attitude plutôt disciplinée. En effet, vous avez souvent l'impression de vous piétiner le cœur ; n'entrez pas dans la sensiblerie, chère âme. Restez bien à l'écoute du cœur, car il ne faut pas que votre fils devienne dépendant. Quant à Jérémie, nous captons la sensibilité de son cœur. C'est une âme qui a tant besoin d'être aimée, car dans une vie antérieure, il a vécu un grand choc. Vous étiez déjà sa mère à ce moment-là. Et après l'accouchement, il est parti très tôt. Ce fut un choc pour son âme d'être séparée si violemment de ce qui lui était le plus cher. À cause de cela, vous êtes plutôt couveuse à son égard, comme si vous cherchiez inconsciemment à lui donner tout ce que vous n'aviez pu donner cette autre fois. Son cœur en demande toujours plus. Il est très attaché. Il n'a pas la manière aussi raffinée que Vincent. Mais il sait s'y prendre. Il a conservé une grande pureté d'âme. Et vous avez constaté vous-même qu'il ne peut pas mentir.

Suzanne : Ça, c'est vrai !

François : Il a d'ailleurs horreur du mensonge. Et s'il s'y essaie, cela paraît dans son regard : il ne peut le cacher. Il est donc d'une transparence complète. Êtes-vous d'accord ?

Suzanne : Oui, vous l'avez très bien saisi. Maintenant, François, est-il possible de savoir qui est mon guide ?

François : Oh ! un instant.

(silence)

Une inconnue *(voix posée, douce mais sans sentimentalisme)* : Il me fait grand plaisir de manifester ma présence auprès de vous et de vous apporter le message suivant. Comme il a été dit, vous avez connu une expérience où vous étiez impliquée à soigner des enfants. Vous faisiez cela de tout votre cœur, sécurisant des enfants qui avaient peur, car nous avions dans notre hôpital des enfants indiens qui avaient peur des Blancs. Vous saviez les rassurer. Je me présente à vous : **Jeanne Mance**[53].

---

53. Fondatrice de l'hôpital Hôtel-Dieu de Montréal (XVIIe siècle).

Tous: Oh! Jeanne Mance!

Jeanne: Alors, voyez, chère amie, que vous n'avez point perdu cette complicité avec les enfants! Et si vous avez besoin de mon aide dans votre enseignement, appelez-moi. Ce sera une joie de m'impliquer. Est-ce que cela vous satisfait?

Suzanne: Oui, beaucoup.

(salutations d'usage)

Lucien Hardy

Lucien: Eh bien, quelle joie de pouvoir prendre place!

Tous: Bonjour, Lucien!

Lucien: J'étais juste à la porte d'entrée.

P.: Ah! vous avez des portes, là-bas?

Lucien: Eh ben, des portes d'énergie, des voûtes d'énergie.

P.: Bon. La dernière fois qu'on s'est rencontrés, ami Lucien, on avait parlé du destin des Juifs, du destin de groupe. Vous vous en souvenez?

Lucien: Bien sûr.

P.: Alors aujourd'hui, je vous pose la question suivante: «Comment pourrait-on choisir de s'incarner comme Juif?»

Lucien: Sache bien qu'en ce qui regarde cette race, c'est karmique. Ils se sont choisis, bien sûr.

P.: Ça voudrait dire que quelqu'un qui est déjà inscrit dans cette tradition va continuer de l'être?

Lucien: Pas nécessairement, pas nécessairement.

P.: Ou alors, on choisirait de s'incarner comme juif afin d'apprendre à en sortir?

Lucien: Tant qu'ils prétendront qu'eux seuls ont la vérité et tant qu'ils conserveront le pouvoir sur le monde matériel, sans vouloir rien partager, tout se tournera contre eux. Ils s'attirent leur propre souffrance.

P.: Merci des éclaircissements. Maintenant, j'ai aussi des questions sur l'âme. Justement, j'aimerais que vous me disiez si ces propositions sont justes: Tout d'abord, l'âme est incréée.

Lucien: Bien sûr.

P.: Elle possède tous les cinq sens avant de s'incarner?

Lucien: Effectivement.

P.: Elle possède déjà un corps de lumière (ou corps spirituel) avant de prendre un corps de matière.

Lucien: Oui, et elle le conserve.

P.: Et elle le retrouve après le décès du corps matériel... J'ai d'autres questions.

Lucien: Tu sais bien tes leçons, mon ami.

P.: Bien, j'y réfléchis... Mais certaines réponses me manquent. À propos de Jésus, pour clarifier davantage ce qui le touche, quand il disait – s'il le disait, car on ne peut être sûr de tous ses dires – «Faites ceci en mémoire de moi» lors du dernier souper, ne voulait-il pas simplement rappeler que le partage fraternel était la base de son message et que cela n'avait rien à voir avec ce que l'Église a inventé sur la «présence réelle» de l'eucharistie, la transsubstantiation, et la messe qui s'ensuivit?

Lucien: Tu as entièrement raison[54].

---

54. Ainsi tombent à l'eau les pieuses et dangereuses inventions du clergé – la «présence réelle» du corps de Jésus à la messe, les adorations du saint sacrement, les communions, le tabernacle.

P.: Et vous confirmez que ce Jésus n'est pas mort sur la croix, mais qu'il mourut plus tard à Srinagar, en Inde[55]?

Lucien: Effectivement.

P.: Comment se fait-il alors qu'on ait tant insisté sur la souffrance et sur la mort de Jésus? On disait qu'il avait souffert plus que tout autre humain, sauvant par le fait même l'humanité!

Lucien: C'est une fausse image qu'on a montrée. Tu vois, le message qu'il est venu répandre et qui a traversé les millénaires, c'est l'amour.

P.: Uniquement.

Lucien: D'aimer vos frères, d'aimer vos sœurs, comme vous vous aimez vous-même.

P.: Par conséquent, l'idée de se sacrifier pour apaiser la colère du Père Éternel, c'est un retour à l'Ancien Testament et ça n'a rien à voir avec Jésus?

Lucien: Justement.

P.: Pas plus que la « folie de la croix » de saint Paul; c'est encore un héritage juif où l'on parlait d'un « serviteur souffrant » qui allait sauver Israël, à quoi on a ajouté l'idée que Jésus devait « racheter » le monde en souffrant.

Lucien: Tout ça, c'est faussé. Tu vois, ça démontre que dans ce que tu ressens et perçois, tu es bien ajusté.

(rires)

Lucien: Et tu es bien con-nec-té. *(appuyé)*

---

55. C'est la deuxième fois que Lucien Hardy me confirme ce fait; la première fois, c'était dans les années 1980. Voir à ce sujet le livre de Gérard Messadié, *Jésus de Srinagar*, ainsi que deux autres livres sérieux sur le sujet: Andreas Fabe-Kaiser, *Jésus a vécu au Cachemire* (Paris, Éditions de Vecchi, 1993) et Holger Kersten, *Jesus Lived in India* (Londres, Shaftesbury, Element Books, 1986).

P. : Ça ne vient pas de moi.

Lucien : Ah ! voilà !

P. : Eh bien, merci, ami Lucien ! Maintenant, j'aimerais savoir s'il est possible de poser des questions à ce sage qu'était Carl Jung ?

Lucien : Oui, un instant.

(silence)

Carl Gustav Jung

Carl : C'est avec joie que je me joins à vous.

P. : Bonjour !

Carl : Je vois que vous étiez un adepte de mes écrits ?

P. : De certains, oui – surtout *Ma vie.*

Carl : Bien sûr.

P. : Parce que dans ce livre vous révélez votre vie intérieure.

Carl : Effectivement. Vous savez, j'ai été très controversé.

P. : Sûrement, mais cela n'est pas un mauvais signe !

Carl : Nullement – j'attirais l'attention.

(rires)

P. : Alors, maître, ne pensez-vous pas que la vraie psychologie – comme l'indique son étymologie – est un chemin vers l'âme, finalement, et que ce qui est cherché, c'est un éveil de l'âme ?

Carl : Effectivement.

P. : Et que cette recherche a été faussée, du fait qu'on a insisté uniquement sur l'analyse intellectuelle des comportements et refoulements ?

Carl: Voilà!

P.: Et que c'est la même chose pour la philosophie (qui veut dire «quête de la sagesse»), qui est censée être un voyage vers l'âme.

Carl: Voilà! Eh que vous parlez comme un grand sage!

P.: Et qu'elle a perdu son sens parce qu'elle ne mène elle aussi que vers l'analyse intellectuelle des concepts et des mots et vers un système bien structuré?

Carl: Entièrement raison, cher ami. Vous avez encore de quoi – tout un contenu – pour écrire un autre livre.

P.: Oui, j'en parlerai sûrement.

Carl: Et si vous êtes d'accord, je me connecterai à votre recherche et vous aiderai à remplir vos chapitres.

P.: D'ailleurs, ne peut-on pas dire que votre propre expérience, révélée dans vos écrits, est en fait un cheminement spirituel?

Carl: Exactement.

P.: Cher maître, croyez-vous que la religion organisée étouffe la conscience humaine et empêche la vie intérieure?

Carl: Exactement. Tu sais, je vais te faire part de ceci: lorsque les religions seront abolies, nous aurons enfin la paix[56].

P.: C'est ça! Car quand vous étiez sur terre, votre pasteur de père voulait absolument que vous croyiez de façon aveugle, alors que vous disiez que c'était l'expérience qui comptait, non la croyance. La vision de votre père suivait le modèle de toutes les religions organisées, n'est-ce pas?

Carl: Ah oui!

---

56. Cette phrase a été prononcée également par Etty Hillesum lors de notre contact avec elle dans l'au-delà (voir à la page 175).

P. : Et ce qui manquait à M. Freud, c'est qu'il était fermé à l'expérience spirituelle et ouvert seulement à l'analyse intellectuelle.

Carl : Et vous savez laquelle ?

P. : Oui, il se prenait pour le modèle de l'humanité en étant obsédé par le sexe !

Carl : Comment on appelle ça ?

Michel : Une obsession.

P. : C'était un obsédé sexuel.

Carl : Justement.

P. : Finalement, quel était l'essentiel de votre message ?

Carl : L'essentiel de mon message, cher ami, vous êtes en train de l'expérimenter vous-même. Si vous comparez les mois qui ont précédé avec ce que vous vivez présentement, vous constaterez que vous avez fait tout un cheminement. Vous conscientisez davantage. Et ce parcours maintenant – cette transition vers laquelle vous vous acheminez – est bien connecté par la voie intérieure. Vous avez connu le cheminement de l'intellect…

P. : Et c'est une impasse.

Carl : Voilà ! Et là, vous avez changé de palier.

P. : Exactement. On m'a fait changer de palier.

Carl : Effectivement.

P. : Selon vous, c'est quoi se connaître soi-même ?

Carl : Qu'est-ce que se connaître ?

P. : Oui, c'est un peu ce dont vous parliez en utilisant le terme « individuation » ?

Carl : D'abord, c'est être en contact avec soi. Le cheminement, c'est cette connexion intérieure. Cette connaissance, tu vois, c'est le fait de reconnaître – ah ! je te l'ai entendu dire tout à l'heure au resto, je t'ai bien entendu le dire[57] –, c'est de se reconnaître divin.

P.: Ah oui! se reconnaître divin.

Carl: Eh bien, voilà. Vous voyez qu'on n'est pas sourds, hein?

P.: On n'est pas sourds du tout; on entend même mieux de l'autre côté! *(rires)*

Carl: C'est vrai. Nous captons même les résonances de vos pensées, figure-toi.

P.: Bien oui, c'est embêtant par bouts!

Carl: Vous <u>pensez</u>?

(rires: comme on le voit ces gens ont de l'humour)

P.: Ai-je raison, maître, de voir votre autobiographie comme votre œuvre la plus importante?

Carl: Entièrement raison, cher ami.

P.: Maintenant, que faites-vous de l'autre côté?

Carl: Je continue de philosopher.

P.: Alors, vous inspirez les pseudo-psychologues et les pseudo-philosophes à retrouver le vrai chemin?

Carl: Que si!

P.: Vous avez donc beaucoup de travail à faire!

Carl: Ah! bien sûr!

P.: Et vous dansez dans les fleurs, aussi?

Carl: Ça m'arrive!

P.: *(rires)* Vous étiez un être complètement intégré et accompli, je suppose que ça se continue de l'autre côté?

---

57. Nos compagnons du ciel sont présents lors du repas que le groupe prend ensemble dans un restaurant avant la séance; ils sont là et ils retiennent tout ce qu'on dit.

Carl: Mais tu vois, j'avais choisi cette mission, de venir partager. Et je suis très heureux que mes livres imprègnent encore les consciences.

P.: C'est le cas, en effet, et je vous remercie de tout ce que vous avez fait.

Carl: Bien, mes salutations.

François d'Assise

François: Bien, bien, nous sommes revenus.

P.: François, est-ce possible de parler maintenant à Socrate.

François: Ce cher ami?

P.: Il est avec vous?

François: Bien sûr. Ah! c'est une vieille racine, celui-là!

P.: Mais il n'y a ni temps ni espace chez vous. Par conséquent, vous n'avez vraiment pas d'excuses!

(rires)

François: Ah! vous avez raison! Un instant.

(silence)

Socrate (Ve siècle av. notre ère)

Socrate: Très heureux, très heureux d'être présent avec vous!

Tous: Bonjour, maître Socrate.

Socrate: Bien.

P.: Je voulais vous poser quelques questions, après vous avoir remercié de tout ce que vous aviez transmis et vécu. Je vous considère comme un des plus grands sages, et certainement le plus grand philosophe, parce que vous n'aviez pas de système à défendre et que vous étiez ouvert à l'exploration et à l'écoute.

Socrate: Ah! que si!

P.: Dites-moi, maître, comment interprétez-vous la devise de votre époque, *Gnôti seauton* («Connais-toi toi-même»), qui a été la clé de voûte de la philosophie originelle?

Socrate: Concevez d'une part qu'une race très évoluée s'était manifestée bien des temps avant (les Égyptiens)[58]. Si vous élaborez, entre autres, tout le contenu de leur mythologie, ils étaient en contact avec des dieux; ils ont conservé une sagesse de vie…

P.: … qui était en fait une quête spirituelle.

Socrate: J'y venais, justement. Ils ont conservé cette sagesse même dans leur façon de vivre au quotidien.

P.: C'est ça: ils étaient plus intégrés (âme, intellect, émotions) que les philosophes des âges futurs.

Socrate: Effectivement.

P.: Diriez-vous que Platon a transmis fidèlement votre vision?

Socrate: Tout à fait. C'est un ami, un confrère, ce qu'il est toujours du reste.

P.: Oui, bien sûr, et c'est dans les plus beaux textes transmis par Platon (*Phédon*, *Théétète*, *L'Apologie de Socrate*, *Banquet*), que l'on peut capter votre pensée?

Socrate: Écoutez. Ce qui est transmis là n'était pas imposé: j'écoutais et apprenais – c'était ça ma méthode. On respectait les opinions adverses; c'était même pour permettre

---

58. Horodote et Protagoras, qui ont précédé Socrate, ont visité l'Égypte, et dans le cas de Protagoras, il y a même étudié plusieurs années…

à ces divers points de vue de surgir que ces dialogues se faisaient, pour que chacun retrouve sa voie. Même de votre
temps, les controverses permettent à l'esprit de chacun de
s'exprimer et, à travers un dialogue, de trouver son chemin, sa
propre évolution. Et cette tradition a imprégné profondément
l'esprit des gens puisque même de votre temps, on lit encore
les œuvres de Platon.

P. : Bien sûr, la philosophie grecque est encore considérée
comme la base.

Socrate : Voilà.

P. : Dites-moi, regrettez-vous de vous être donné la mort ?

Socrate : Que si !

P. : Ah oui[59] ?

Socrate : Sur un point. Mais sache bien que j'ai réparé
dans ce sens.

P. : Car vous disiez que même si c'était contre les lois de
se donner la mort, le fait que de toute façon le gouvernement
d'Athènes vous avait condamné, il vous était permis de vous
suicider.

Socrate : Justement, je préférais le faire moi-même,
plutôt que de le laisser faire à l'autre.

P. : Ce qui n'était pas nécessairement ce qu'il fallait faire ?

Socrate : Eh bien, c'est cela.

P. : Maintenant, croyez-vous que la vie terrestre puisse
avoir un sens sans y inclure la connaissance de l'immortalité ?

Socrate : Ben, tu vois, c'est comme un casse-tête auquel il
manquerait des morceaux.

---

59. J'étais surprise. J'avais toujours pensé le contraire, surtout en lisant la
justification de son geste dans son *Apologie*. Par conséquent, s'il est vrai
qu'ils peuvent lire notre pensée, nous ne pouvons pas lire celle des compagnons du ciel !

P. : Socrate, ce que vous appeliez le *daimôn*, n'est-ce pas ce que moi j'appelle la présence divine en nous ?

Socrate : Effectivement.

P. : Vous ne parliez jamais de Dieu comme tel. C'était une réalité trop sacrée pour vous ?

Socrate : Justement. Et comme tu peux le constater, chacun a sa façon de le concevoir.

P. : Cela se trouve en chacun, en chaque chose, un peu comme l'enseigne la tradition amérindienne. Tous les êtres sont divins ?

Socrate : Effectivement.

P. : Et même sont Dieu. Êtes-vous d'accord avec ça ?

Socrate : Entièrement.

P. : Croyez-vous que l'être humain ait progressé depuis l'époque où vous étiez sur terre ? (*rires*)

Socrate : Hum. J'apprécie la question. Pour certains, oui ; quant aux autres, ils sont restés à l'étape première.

P. : Sur les plans scientifique et technologique, diriez-vous qu'ils ont beaucoup progressé ?

Socrate : Mais pas dans la façon dont ils s'en servent.

P. : Ah oui ! Dans leur âme, dans la conscience, il y a quelque chose de bloqué ?

Socrate : Voilà, effectivement.

P. : Et qu'est-ce qui manque à l'homme d'aujourd'hui, selon vous ?

Socrate : Tu connais bien la réponse.

P. : Merci. Maintenant, maître Socrate, dites-moi : C'est quoi être heureux pour vous ?

Socrate : C'est de s'aimer, de s'aimer pour ce qu'on est, puis de reconnaître qu'on est divin.

P. : Et ce que vous appeliez les dieux, ne serait-ce pas ce que nous appelons les anges et les compagnons du ciel, tel que vous par exemple ?

Socrate : Voilà.

P. : Donc, vous êtes un dieu dans ce sens-là ?

Socrate : Dans ce sens-là.

P. : Maître Socrate, pourquoi vient-on sur terre ?

Socrate : Pour venir… pour venir, ah ! mon doux !

(rires)

… cheminer, parfaire ce qui n'est pas complet.

P. : Vous ne parliez pas beaucoup de réincarnation – seulement une fois où vous disiez que l'âme était assez solide et éternelle pour endurer plusieurs descentes dans un corps sans être diminuée.

Socrate : Effectivement.

P. : Et finalement, que faites-vous maintenant dans l'audelà ?

Socrate : Je continue toujours de philosopher, hein.

P. : Et il y a quelqu'un qui lit vos textes ?

Socrate : Bien sûr. J'ai le plaisir de les partager avec les anges.

P. : Ah oui ! Et vous n'avez plus besoin de revenir sur terre ?

Socrate : Nullement.

P. : Vous êtes un être complètement achevé, d'après moi.

Socrate : Tout dépend dans quel sens vous entendez le mot.

P. : Dans le sens que vous aviez rempli votre tâche et que vous vous reconnaissiez divin.

Socrate: Pour cela, oui, bien sûr.

P.: Eh bien, je vous remercie beaucoup et j'espère que vous continuerez de nous inspirer.

Socrate: Bien sûr, je vais vous aider à remplir les pages. D'accord? Mes salutations.

P.: Grand merci à vous!

(silence)

Lucien Hardy

Lucien: Bien, bien. Cela vous a-t-il satisfait?

P.: Complètement, merci.

Lucien: Eh que vous parlez comme un grand livre, cher ami!

P.: Bien, il y a tellement longtemps que je travaille en ce domaine.

Lucien: Il y a beaucoup de contenu dans votre cœur, chère âme. Et vous voyez que vous l'accomplissez, votre mission, à travers vos écrits?

P.: Oui, et merci pour tout, mon ami.

Lucien: Mes salutations!

(boniments d'usage)

Sixième rencontre
(5 juin 2004)

Participants:
P., Michel et les invités, Robert et Jean

Contacts dans l'au-delà:
**Le père de Robert, François d'Assise, Allen Boone,
Lucien Hardy, Albert Einstein, Niels Bohr, David Bohm,
Jiddu Krishnamurti**

(La médium, par clairvoyance, s'adressant à Robert)

Médium: Je vois quelqu'un à tes côtés. Ton père est-il décédé?

Robert: Oui, cette année.

Médium: C'est bien lui que je vois. Il est très proche de toi. C'était un homme qui ne s'exprimait pas, ce qui t'a fait beaucoup souffrir[60].

---

60. Il y a ici un parallèle avec le cas de mon propre père, ainsi qu'avec le père de plusieurs de nos invités, entre autres Luc et Paul, de même qu'un de mes frères décédés, Norbert. La constante est frappante.

Ça t'a manqué beaucoup : tu étais tellement sensible que tu aurais eu besoin d'être entouré de son affection, mais cela ne se faisait pas. Il y avait chez lui une certaine rigidité qui n'allait pas avec toi. Et ta conjointe (avant le divorce) avait la même attitude que ton père. On dirait que ton père voudrait maintenant se racheter ; il regrette son attitude. Il est dans un lieu où il est guidé par des êtres de lumière, et là il entre véritablement en contact avec sa conscience[61]. Et son âme se rend compte qu'elle a passé à côté de l'essentiel. En cet instant, ton père est avec toi, il a la main sur ton épaule et il pleure. Il dit que si tu acceptes de t'ouvrir, tu lui permettras par le fait même de grandir – ce qui va lui permettre de continuer son évolution. C'est une forme de libération pour toi, mais ça va lui permettre de t'aider également[62].

(La médium entre en transe.)

François d'Assise

François : Ami Robert, nous maintenons ce que vous avez entendu : vous entrez dans la récolte de ce que vous avez semé.

Robert : Merci. J'aimerais si possible parler à mon père.

François : Un instant.

(silence)

---

61. Ce « lieu » dont on parle est l'antichambre de la lumière, où l'on examine son passé avec l'aide des maîtres et de son groupe d'âmes : on cherche à s'accepter, à se pardonner et à pardonner aux autres. C'est un travail qui aurait dû être fait sur terre et qui faisait partie de la mission donnée, mais si ce n'est pas accompli ici-bas, cela doit se faire après.

62. Je fais encore remarquer le retour de cette incontournable loi de réciprocité qui s'applique entre les humains, que ce soit sur terre ou après. Je l'avais appris lors d'un contact avec mon guide dans les années 1980 : c'est une fois que j'ai eu pardonné à mon père qu'il s'est mis à progresser dans l'au-delà et, du même coup, cela m'a libéré !

Camille *(père de Robert)*: Mon cher fils, je suis dans le même tournant que le tien – je remets bien des aspects de mon âme à leur place. Tout va pour le mieux pour moi. On peut se contacter, tu sais. Je suis disposé à t'aider, si tu es d'accord. Permets-moi aussi de faire ce que j'ai omis bien des fois – te dire combien je t'aime et que j'admire ce que tu es. Je suis très fier de toi.

Robert: Merci beaucoup. Moi aussi je t'aime.

(La médium s'adresse maintenant, par clairvoyance, à un autre invité, Jean.)

Médium: Tu as connu plusieurs personnes, à travers tes vies, qui ont exercé sur toi un pouvoir abusif. Tu as déjà été moine. *(rires)* Et là, tu devais te plier à l'autorité. La dame qui est présentement ta patronne était de la même communauté que la tienne en tant que supérieure et exerçait une autorité tyrannique à ton égard. Tout ce qui regarde l'autorité – ce qu'on t'impose –, tu ne l'as pas réglé et tu en as beaucoup souffert. Maintenant, ta mère (encore vivante) a eu également un contrôle sur toi. C'est comme si tu t'étais choisi la mission de la sauver. Dans une autre expérience de vie, ce que je perçois, c'est que ta mère a été ton père – ta maman actuelle a un côté masculin très développé et elle a une manière d'avoir ce qu'elle veut. Ce père avait des biens, toi le fils tu devais prendre la relève et être formé dans ce but. Mais ces valeurs n'étaient pas les tiennes. Tu as donc à te défaire de tout ce qui a une emprise sur toi. Tu n'as pas à faire des concessions ou à subir. Tant que tu vas subir, tu ne pourras être toi-même. Avec ta patronne, tu n'as pas à choisir d'être victime, parce qu'elle aussi manipule. Il ne faut pas entrer dans son jeu. Tu l'as même dit: «Quand je l'ignore, ça la dérange beaucoup.» Je te pose une question: Quand tu regardes un film d'action, disons *Les trois mousquetaires*, aimes-tu ça?

Jean: Pas vraiment.

Médium : Dans une vie, tu as déjà été mousquetaire du roi...

P. : Pow, pow, pow !

Médium : Tu étais placé dans un contexte où tu devais te plier aux ordres. Et surtout, tu étais complètement soumis au cardinal rouge – Richelieu –, qui n'était pas ton ami ! Mais tu réagissais, tu revendiquais. Finalement, tu as été provoqué en duel : il fallait t'éliminer.

P. : A-t-il gagné ?

Médium : Non. *(rires)* Alors, tu vois que tu étais encore écrasé, malgré tes revendications ou à cause d'elles. Est-ce que ça t'arrive de sentir des points dans le dos ?

Jean : Oui.

Médium : Eh bien, ce sont des mémoires cellulaires que tu as choisi de retenir. Tu avais été transpercé d'une épée de bord en bord. Je vais te poser une autre question : As-tu des malaises au niveau du cou, de la nuque, aucune tolérance quant à un vêtement qui te serre ?

Jean : Je ne tolère même pas une cravate.

Médium : C'est encore une mémoire que tu as choisi de retenir. Tu as été pendu : on t'avait accusé (injustement) d'un vol.

P. : Tu as dû faire un beau pendu !

(rires)

Médium : Donc, tu vois que dans plusieurs de tes vies, il y a toujours eu ces conflits, ces freins pour t'empêcher d'avancer. Mais dans cette vie, tu as décidé de relever le défi. Tu t'es dit que malgré les difficultés, tu n'allais plus te laisser brimer par aucune autorité. Tu dois dépasser ta personnalité de moine, qui prend encore le dessus.

Jean : Le vieux garçon...

Médium : Oui.

Jean : Il se « pogne le moine » de temps en temps !

(rires)

P. : Le moine a repris toute sa place !

(rires)

Médium : Maintenant, tu vas franchir une étape, tu vas faire un inventaire, une prise de conscience concrète. Tu as besoin de prendre ton temps. Ton travail actuel, c'est de développer des structures en toi. Là où tu en es, tu es plus ouvert, plus réceptif. Il y aura des événements qui vont se manifester, sois bien attentif. Tes amis de lumière me disent que ce n'est pas par hasard que tu es ici, ils sont là pour t'apporter l'aide qu'il te faut. Je te vois franchir une étape de transformation, même dans tes façons de penser. Tu n'auras plus les mêmes perceptions des choses. Tu es en pleine métamorphose. Le but, c'est d'atteindre un bien-être en toi-même[63].

(La médium entre en transe.)

François d'Assise

François : Frère Jean, comme on vous l'a dit, vous avez été moine. Vous avez même conservé le nom que vous aviez à l'époque. Vous êtes encore frère Jean.

P. : Il était avec vous ?

François : Hum, pas nécessairement. Mais un bon frère. Vous n'avez pas perdu l'art, cher ami, de la dégustation des aliments ? *(rires)* À l'époque, dans votre communauté, vous saviez bien cuisiner. Mais aujourd'hui, vous préférez déguster

---

63. Ce qui est annoncé ici s'est réalisé immédiatement après : Jean est allé en cure psychologique pendant un mois, pour en sortir complètement transformé.

que cuisiner. Vous voyez qu'en dehors des ordres, c'est plus flexible? Oh! j'étais présent au repas que vous venez de prendre au restaurant!

P.: Ah oui! vous mangiez à travers nous.

(rires)

François: Ami Jean, vous vous êtes choisi tout un défi! Et voilà que vous avez ouvert le chemin en vous examinant pour mieux vous retrouver avec vous-même. Si, autrefois, on vous avait demandé «Définissez ce que vous êtes», vous n'auriez pas pu répondre. Mais là vous vous reconnaissez. Nous vous offrons un devoir. Vous prendrez une feuille, vous inscrirez toutes les valeurs qui font partie de vous. Vous conserverez cette feuille. Car dans les mois qui viennent, vous identifierez d'autres aspects de vous-même. Enfin, vous allez finir par y croire. Voici un autre exercice que vous pouvez pratiquer: regardez-vous dans le miroir et prononcez à haute voix ce que vous voyez, pour bien intégrer dans la résonance vibratoire ce que vous êtes. Il est fini le temps où vous vous laissiez dominer par les influences extérieures. Vous êtes fatigué de vous faire piler sur les pieds! Nous l'avons bien entendu dire, n'est-ce pas, mes chers amis?

Tous: Oui, oui.

P.: Est-ce qu'on ne s'est pas connus dans une autre vie, Jean et moi?

François: Bien sûr, lorsque vous étiez pape, il était moine.

P.: Ah oui! Est-ce que j'étais dur pour lui?

François: Voilà, vous affirmiez votre pouvoir. Vous n'étiez point flexible.

P.: Oh! ça c'est pas beau! *(rires)*

François: Mais vous avez mis toutes les chances de votre côté pour vous reprendre cette fois-ci.

P.: Ah bon!

Michel: François, j'aimerais savoir si vous pouvez confirmer le message reçu récemment par notre médium, disant que cette dame allait devoir quitter Montréal d'ici juillet 2005, afin d'éviter les vagues d'agitation qui séviraient alors?

François: Effectivement, la ville va connaître un surcroît d'agressions et beaucoup de contestation.

P.: Cela va-t-il se manifester également par les armes?

François: Non, mais la foule se rassemblera pour contester. Il y aura une montée de violence et l'atmosphère pourrait nuire au travail du médium.

P.: Cela veut-il dire que nous aussi nous devrons partir?

François: Voyez, chère âme, vous avez beaucoup à faire…

P.: C'est-à-dire que je ne dois pas partir…

François: Vous savez donc bien vous répondre.

P.: … sauf un jour, pour l'au-delà…

François: Ah! (*très fort*) Ne vous inquiétez pas, cher ami, il y aura tout un rassemblement d'âmes qui viendront à votre rencontre!

P.: Ah bon!

Michel: À mon tour, j'aimerais vous poser des questions au sujet du contact avec les animaux, auxquels je m'intéresse de plus en plus. J'aimerais savoir comment leur parler? C'est bien de ça qu'il s'agissait lorsque vous me disiez que j'entrais dans un nouveau cheminement?

François: Effectivement. Sachez bien que vous êtes guidé, puisque nous avons capté certaines affinités entre votre âme et les animaux et donc… vous faites partie de la même famille que la mienne!

Michel: Je ne suis tout de même pas arrivé à prêcher aux oiseaux!

François: Mais vous aurez la capacité, en vous laissant guider par l'intuition, de communiquer avec eux.

Michel: Donc, c'est pas un rêve.

François: Et pour vous, que vous semble-t-il?

Michel: Tout est possible.

François: Eh bien! Voilà!

Michel: OK, ce sont les deux questions que j'avais à poser.

François: Et pour le reste, on va s'en occuper, ne vous inquiétez pas.

Michel: Merci beaucoup, ça me console.

François: Un instant.

Un inconnu: *Hi!* (*en anglais et très fort*) Salut, mon frère! Quelle belle occasion de manifester ma présence[64]!

P.: Et qui est-ce?

Un inconnu: Un ami, un ami tout particulier, qui s'adresse à toi, ami et frère Michel. Sache bien qu'au sujet de l'âme des animaux, tu es à même de reconnaître que chacun remplit sa fonction, selon qu'il est programmé pour répondre à ses besoins. Tu es aussi à même de reconnaître qu'il y a une autre partie en eux qui les connecte au divin. Par exemple, si on considère le chacal, à qui on reproche d'être destructeur, si tu le regardes à la source, il est divin.

P.: Les Égyptiens l'estimaient beaucoup.

Inconnu: Bien sûr.

P.: Seriez-vous monsieur Boone?

Michel: Allen Boone?

---

64. Cette présence soudaine de quelqu'un qui a les mêmes intérêts que Michel ne pouvait en aucune façon être décidée par ce dernier!

Allen Boone[65]

Allen: Ah! très bien cerné.

P.: Dès que vous avez dit «*Hi!*», j'ai pensé que vous étiez anglophone.

Allen: Eh bien! Vous aviez raison.

Michel: Je vous connaissais à travers le texte publié à la fin du livre de Placide, *Un torrent de silence*.

Allen: Et sache bien que les énergies de l'ensemble se concertent pour que tu aies les bons outils entre les mains.

P.: Surtout les livres qui arrivent pour Michel tous à la fois.

Allen: Bien sûr.

Michel: Placide me donne un bon coup de pouce…

P.: Mais c'est vous, les gens de la lumière, qui m'inspirez à trouver les livres.

Allen: Bien sûr, je m'en mêle, hein?

P.: Tout le monde travaille ensemble.

Allen: Ben oui!

P.: Bien, c'est magnifique. Merci d'être venu.

Michel: Merci beaucoup, monsieur Boone.

Allen: Alors tu vois, ami Michel, chaque fois que tu sentiras le besoin, visualise le loup.

P.: Bien oui, on avait appris que ta chienne, c'était la réincarnation d'un loup que tu avais élevé autrefois.

---

65. J. Allen Boone était un ami des animaux. Il a transcrit ses expériences dans un livre intitulé *Kinship With All Life* (Tout ce qui est vivant est relié), Harper & Row, 1976. Il écrit: «Tous les êtres vivants sont des instruments individuels par lesquels l'Esprit de l'Univers pense, parle et agit. Nous sommes tous interreliés, des membres d'un vaste orchestre cosmique dans lequel chaque instrument vivant est essentiel à l'expression de l'harmonie totale.»

Allen: Et ne sois pas étonné, il t'arrivera parfois de voir des traces, ce sera la manifestation de mon énergie qui t'ouvre le chemin pour te guider.

Michel: OK, j'suis bien d'accord avec ça. *It's OK.*

Allen: *It's OK. It's all right!*

Michel: Merci encore.

Allen: *Bye, bye.*

[…]

Michel: Je pense qu'il va nous manquer du ruban.

François d'Assise: Bien, bien, nous sommes revenus. (*très énergique*). Vous avez dit que vous alliez manquer de quoi?

Michel: De ruban dans la cassette.

François: Oh! mais vous avez une enregistreuse dans le cœur!

Michel: Oui, mais c'est facile de perdre la mémoire de tout ce qui a été dit.

François: Nous le savions.

P.: Bien oui, vous savez tout.

François: Oh! que si!

P.: J'aimerais, François, parler à mon ami **Lucien Hardy**, puisque c'est avec lui que j'ai discuté des questions qui suivent.

François: Un instant. Hé! Il n'est pas loin.

(*silence*)

Lucien Hardy

Lucien: Eh bien! Salut, cher ami, cher confrère!

P.: Bonjour, Lucien.

Lucien: Tellement content qu'on se retrouve ensemble, qu'on se retrouve entre amis.

P.: Je voudrais vérifier avec vous ma position quant à l'âme. Il est entendu, n'est-ce pas, que l'âme choisit le sexe du corps qu'elle va habiter?

Lucien: Bien sûr.

P.: Donc, il est improbable qu'elle se soit trompée et que le mâle qui naît doive regretter de ne pas être de sexe femelle ou inversement. Ça ne peut être ainsi, puisqu'il y a eu choix.

Lucien: Sache bien que le choix a toujours sa raison d'être.

P.: Et qu'il n'est pas question de le changer?

Lucien: C'est ça.

P.: Bon, je vous remercie. Et l'auteure du livre *Embraced By the Light*, qui raconte le retour d'une mort clinique où on apprend que Jésus a créé la terre, que le diable existe et que la mort est une sorte de punition –, c'est le fait d'un esprit qui n'est pas sorti de l'Ancien Testament?

Lucien: La mort n'est pas une punition, c'est une transition. Tu vois, j'suis pas mort!

P.: Mais je me disais qu'ayant connu une mort clinique, elle aurait dû avoir une vision juste des choses. Ça signifie qu'il ne faut même pas s'y fier si on raconte des choses non vérifiées par l'ensemble? Ce serait donc sa religion méthodiste qui la tiendrait encore par le collet?

Lucien: Parfaitement, ce n'est que cela. Alors, tu vois à quel point c'est important de toujours conserver ton discernement et ton intuition?

P.: Bien oui. [...] Maintenant, autre sujet. Comme il y a accroissement de la population, il y a donc plus de jeunes âmes qui s'incarnent, mais aussi il y a infiniment plus d'âmes de l'autre côté qui ne sont pas encore venues sur terre?

Lucien: Et beaucoup d'êtres qui reviennent sur ce plan[66] après avoir vécu à l'époque de l'Atlantide.

P.: Donc, il y a infiniment plus d'âmes dans l'au-delà qu'il ne pourrait jamais y en avoir ici-bas?

Lucien: Effectivement.

P.: Parfait. Ce sont des choses que j'aime voir confirmer. Autre question, maintenant. La vie terrestre ne sera jamais un paradis – comme on le ferait accroire, par exemple, dans un film comme *Le seigneur des anneaux*, où tout le royaume du mal serait enfin détruit.

Lucien: Le paradis, tu vois, est à l'intérieur de toi.

P.: C'est ça. Il n'est pas visible.

Lucien: Justement.

P.: Autrement, si la vie terrestre était ou devenait un monde parfait, il n'y aurait plus alors de raison de venir sur terre?

Lucien: C'est cela.

P.: Cependant, le désir d'améliorer la situation, d'atteindre une certaine paix, un niveau élevé de conscience et l'attention pour les autres, cela ferait partie du travail qu'on doit accomplir sur terre, et qui va nous être compté de l'autre côté comme un défi relevé, une tâche accomplie, une leçon apprise?

Lucien: Bien sûr. Et c'est l'objectif des âmes, collectivement – de nourrir ensemble un même sentiment de paix, d'harmonie et d'amour.

P.: Mais s'il y avait une paix parfaite et une absence totale de conflit, l'incarnation n'aurait plus de raison d'être.

Lucien: Effectivement.

---

66. Cette expression veut dire «la terre»; «l'autre plan», c'est l'au-delà.

P. : Bon. Les âmes viendront aussi longtemps qu'elles ont du travail à faire ou des leçons à apprendre.

Lucien : Comme c'est bien dit. Eh! tu parles comme un grand sage.

P. : Je suis allé à la bonne école, puisque c'est vous qui m'avez enseigné[67] !

Lucien : Bien sûr! *(rires)* Et tu as bien écouté le maître. Et tu vois, tu es devenu un maître toi aussi!

P. : Ben, ça commence seulement. Merci beaucoup, en tout cas. Maintenant, j'aimerais poser des questions à Albert Einstein, s'il est là.

Lucien : Oui, je lui laisse la place. Salut! J'apprécie beaucoup le travail que tu fais, et n'oublie pas, c'est loin d'être terminé!

P. : Merci encore!

(silence)

Albert Einstein

Albert : Avec joie, je manifeste ma présence.

Tous : Bonjour, monsieur Einstein!

Albert : Ça me fait tout bizarre, tout bizarre d'être imprégné d'une énergie où il n'y a aucune notion de chiffres!

P. : Bien sûr, mais on va peut-être vous rappeler un peu de cet univers-là. Sur terre, vous disiez que «Dieu ne joue pas aux dés». Avez-vous changé d'idée là-dessus?

---

67. Lucien Hardy a été mon professeur pendant une année de collège, mais il m'a éduqué spirituellement dès mes 15 ans jusqu'à la fin de mes six ans de vie collégiale, pour ensuite m'encourager et me conseiller durant une bonne partie de ma formation jésuite (de 1949 à 1966, date de son décès).

Albert: Pas du tout.

P.: Ça veut donc dire que la théorie quantique était une illusion, une erreur? C'est ce que vous disiez sur terre.

Albert: Une illusion. Bien sûr.

P.: Ce n'était pas la bonne façon de comprendre les lois de l'Univers?

Albert: Entièrement raison.

P.: Sur terre, un de vos amis, Niels Bohr, vous répliquait: «Ne dites pas à Dieu ce qu'il doit faire.» Vous êtes-vous réconcilié avec lui?

Albert: Ah oui! Il y a encore de la controverse, mais on s'entend bien ensemble.

P.: Bon. Croyez-vous maintenant que la théorie quantique est due à la limite de nos moyens de connaissance?

Albert: Effectivement. Et je le maintiens encore.

P.: Avez-vous depuis trouvé la formule qui réconcilierait les deux positions – relativité et mécanique quantique?

Albert: Tu vas être étonné de la réponse, parce qu'elle n'est pas complexe ni compliquée.

P.: C'est l'esprit?

Albert (*très doucement*): Voilà!

P. (*également doucement*): C'est la conscience.

Albert: C'est la conscience.

P.: Bien, monsieur Einstein, c'était justement la question suivante que j'allais poser. (*rires*)

Albert: Mais tu vois, je l'ai devancée.

P.: Eh oui! Donc, monsieur, si vous aviez une formule unique comme $E = mc^2$, le E en question (l'énergie) serait l'Esprit, qui expliquerait toutes les formes de manifestations, sans être lui-même connaissable comme une chose?

Albert: Voilà. C'est immatériel.

P.: Comme ça, on n'arrivera jamais à une formule purement mathématique qui comprendrait d'un seul coup l'Univers?

Albert: Exactement.

P.: Monsieur Einstein, vous disiez aussi que la lumière ne pouvait être faite de points discontinus, mais que c'était une onde continue.

Albert: C'est encore la même chose.

P.: On pourrait dire également que la lumière physique serait de même nature que la lumière spirituelle (la conscience), sauf que celle-ci est plus subtile?

Albert: Effectivement. Eh! Vous avez bien assimilé mes textes, cher ami.

P.: Bien, j'ai lu un certain nombre de vos écrits, mais pas tous, loin de là.

Albert: J'apprécie, j'apprécie grandement.

P.: Maintenant, ne croyez-vous pas que la science manque totalement de sagesse, par son incapacité à prévoir à long terme les effets de ses découvertes et leurs applications technologiques, par exemple, dans le cas de la bombe?

Albert: Entièrement d'accord.

P.: Et la science va-t-elle un jour reprendre sa place de servante de l'homme au lieu d'être perçue et utilisée comme la connaissance supérieure?

Albert: Exactement. C'est le but, d'ailleurs. C'était mon but.

P.: Vous étiez un être d'une grande intuition et vous aviez gardé votre âme d'enfant. Ne pensez-vous pas que nous sommes intelligents dans la mesure où nous laissons notre âme d'enfant nous guider?

Albert: Effectivement.

P. : Vous êtes d'accord avec tout ce que je dis, finalement ?

Albert: Ehhh ! Ça va bien, hein ?

P. : Oui, ça va vite, en effet. Monsieur Einstein, ne pensez-vous pas que les religions organisées empêchent l'homme de s'éveiller spirituellement et de faire la paix ?

Albert: Effectivement. Tu connais la réponse, d'ailleurs.

P. : Oui, je pensais que vous alliez justement me dire ça. Et ne pensez-vous pas que c'est par la connaissance de son âme que l'homme pourra un jour devenir vraiment humain ?

Albert: Exactement.

P. : Vous rendez-vous compte aujourd'hui que ce sont les âmes de l'au-delà qui vous ont aidé à faire vos découvertes scientifiques ?

Albert: Bien sûr.

P. : Puis-je vous demander à quoi vous vous occupez maintenant ? (*silence*) Vous ne faites plus rien ?

Albert: Je pourrais dire que je suis à ma retraite, hein ? (*rires*) Mais je travaille encore.

P. : Dans quel domaine œuvrez-vous ? Vous inspirez les savants ?

Albert: J'y participe, bien sûr.

P. : Allez-vous désormais m'aider lorsque je traiterai de questions qui demandent des connaissances scientifiques ?

Albert: Bien sûr, bien sûr.

P. : Donc, on va rester en contact, tout de même.

Albert: Bien sûr, on l'est déjà.

P. : Maintenant, vous êtes moins surpris de vous trouver dans un climat spirituel en communication avec le plan terrestre ?

Albert (*doucement*) : Je me sens très bien.

P. : Bon. Eh bien, vous allez revenir nous visiter ?

Albert : Que si ! et avec grande joie d'ailleurs.

P. : Je dois vous dire que vous étiez un être d'une grandeur et d'une bonté…

Albert : Dommage qu'on ait donné une fausse idée de mes intentions.

P. : Bien oui, on vous a rendu responsable de la bombe atomique.

Albert : C'était pas du tout ça ; c'était tout le contraire. Ce sont ceux qui travaillaient sur le plan de l'ombre qui ont mal utilisé mes découvertes.

P. : Oui, des gens comme Oppenheimer, qui était nettement orienté vers la création de la bombe, et surtout de la bombe à hydrogène.

Albert : Mais mon but n'était pas celui-là.

P. : Non. En tout cas, vous étiez un personnage très coloré sur terre, et je suppose que vous jouez encore du violon même là-haut ?

Albert : Ça m'arrive.

P. : Bien, monsieur Einstein, je vous remercie beaucoup d'être aujourd'hui avec nous et de l'avoir été sur terre. À bientôt.

Albert : Avec joie. À bientôt.

(un instant)

Niels Bohr

Niels : Bien, très heureux de pouvoir manifester ma présence.

P. : Monsieur Bohr, vous étiez un être extraordinaire sur terre, très fort en physique, mais aussi complètement familier avec le taoïsme chinois.

Niels : Bien sûr.

P. : J'aimerais vous poser des questions au sujet de la physique quantique. Comme on a fait dévier la formule d'Einstein pour en tirer la bombe atomique, est-ce qu'on n'a pas également utilisé à mal la mécanique quantique en l'appliquant tout d'abord à toutes sortes d'inventions électroniques – jeux vidéo, Internet, caméras, machines sophistiquées, robots –, qui sont devenues des façons d'éviter la réalité et de détourner des valeurs spirituelles ?

Niels : C'est déplorable. Mais voyez que cela arrivait pour un but : que ceux qui voulaient maintenir le pouvoir...

P. : ... le feraient encore davantage.

Niels : Voilà, vous avez très bien compris.

P. : C'est un piège qu'il fallait éviter.

Niels : Effectivement.

P. : Et maintenant que vous êtes dans la lumière, comment voyez-vous la théorie quantique ? Est-ce vraiment ce qu'il y a de plus solide et sûr en sciences, ou une façon partielle de voir l'Univers ?

Niels : Sachez bien que si nous nous situons au niveau de l'énergie pure, tout est interrelié, tout ce qui vient de la Source est manifesté, rien n'est fortuit, toutes les particules d'énergie ont leur raison d'être, et qu'il y a des fréquences différentes mais qui doivent tendre à se réharmoniser.

P. : Donc, pas d'opposition entre l'infiniment petit et l'infiniment grand. Cependant, on présente la physique quantique comme s'opposant et même dépassant la relativité, qu'on a pour ainsi dire mise à l'écart.

Niels: Bien sûr.

P.: Maintenant, la formule unitive qui résumerait les lois de l'Univers ne serait-elle possible que si on y incluait la Conscience?

Niels: Autrement, ce serait illogique, puisque la conscience c'est plus que la matière.

P.: Et c'est ça qui fonde l'Univers.

Niels: Effectivement.

P.: Maintenant, monsieur Bohr, la lumière ne serait-elle pas davantage une onde qu'une particule?

Niels: C'est cela.

P.: Tout comme l'esprit est essentiellement vibration, la lumière serait-elle aussi vibratoire?

Niels: Bien sûr, dans sa nature même, sauf que dans sa manifestation elle nous apparaît comme une série de particules.

P.: C'est ça. Les particules exprimeraient l'onde, se dérouleraient par ondulations, du moins de notre point de vue limité.

Niels: Effectivement.

P.: Parfait. Merci beaucoup, maître. Maintenant, serait-il possible de parler à l'un de vos confrères, **David Bohm**?

Niels: C'est un bon ami, bien sûr.

(*un instant*)

David Bohm

David: Très heureux d'être ici avec vous.

P.: Bonjour, monsieur Bohm.

David: Eh que vous êtes un bon professeur!

P.: *(rires)* En ces domaines, je ne suis encore qu'un étudiant.

David: Ohh! Mais…

P.: Je voudrais vous poser à vous aussi des questions. Voici: La conscience spirituelle va-t-elle être enfin intégrée à la science physique?

David: Ce serait le but.

P.: Ce serait le but, comme vous le faisiez vous-même… Mais très peu de gens vous suivaient.

David: Eh bien, voilà! Ils ne pouvaient pas saisir toute l'ampleur, voyez, de ce que je voulais dire…

P.: Le monde invisible, plié comme une nappe dans l'armoire et se dépliant sur la table – le monde non manifesté et manifesté.

David: Voilà.

P.: Autre domaine, maintenant. L'expansion de l'Univers ne suppose-t-elle pas aussi sa contraction éventuelle, comme le voient les hindous – une sorte de respiration sans fin.

David: C'est très bien, c'est exactement ça.

P.: C'est ainsi que vous le voyez maintenant?

David: Bien sûr, bien sûr!

P.: Monsieur Bohm, le principe d'incertitude de Heisenberg – le probable, l'indéterminé sur le plan atomique –, cela ne vaudrait que pour ce plan-là?

David: Pas pour tout, effectivement.

P.: Pour l'infiniment petit seulement? Ce ne serait pas une loi universelle, puisqu'il existe un ordre stable et très prévisible dans le domaine des astres, de même que dans le choix que l'âme fait en s'incarnant – ce n'est certainement pas soumis au hasard?

David: Nullement.

P.: Et le fait que tout est relié, ce n'est pas de l'incertitude ou de la probabilité: c'est certain.

David: C'est en effet certain.

P.: Par conséquent, ce serait seulement sur les plans atomique et subatomique que ces principes d'incertitude et de probabilité auraient cours – à cause des vibrations émises par le physicien qui affectent les atomes et empêchent de les cerner de façon objective et sûre?

David: Voilà, vous avez très bien cerné.

P.: Eh bien! C'est ce que je voulais faire préciser et je vous en remercie.

David: Bien.

P.: Merci également pour vos paroles de sagesse dans vos conversations avec Krishnamurti. C'est un grand cadeau.

David: Bien. Avec plaisir. Mes salutations!

(**François** *revient.*)

François: Bien, bien, nous sommes revenus. Ceci vous satisfait, cher ami?

P.: Oui, François… Et maintenant, je ne sais si c'est possible, parce qu'il est d'une conscience très élevée, mais pourrais-je parler à Krishnamurti?

François: Un instant, nous allons élever les vibrations.

(*long silence*)

Jiddu Krishnamurti

Krishnamurti *(ton très doux, débit lent)*: Mes salutations! Avec joie, je manifeste ma présence.

Tous: Bonjour, maître.

P.: Je vous remercie beaucoup de vos écrits, de votre inspiration... Pouvez-vous me dire quel était l'essentiel de votre enseignement? Se trouve-t-il dans le discours prononcé lors de la dissolution de l'ordre théosophique?

Krishnamurti: Il en fait partie, bien sûr. Sache bien que le but de mon implication était d'alimenter les consciences, les connecter, tu vois, à la vraie Source. Sache aussi reconnaître que c'était le même but que le tien, appuyé sur une intention pure, le même but que révèlent les condensés que tu écris, un but également inspiré par des êtres de lumière. Alors tu vois, lorsque j'étais ici, j'ai voulu répondre au même but que le tien: éveiller et sensibiliser les consciences.

P.: Merci, maître. J'ai l'impression que c'est dans vos *Notebooks* (notes d'observations sur la nature publiées sous le nom de *Carnets*) qu'on vous sentait le plus présent?

Krishnamurti: Effectivement.

P.: Mais dans certaines discussions qu'on a rapportées, un peu intellectuelles, même abstraites –, était-ce à cause des questions et de l'attitude de l'auditoire?

Krishnamurti: Bien sûr.

P.: Quand je vous lis, j'ai l'impression que c'est le Bouddha qui parle.

Krishnamurti: Voilà.

P.: Vous étiez en effet une réincarnation du Bouddha?

Krishnamurti: Effectivement.

P. : C'est ce que je pensais… Une autre question, maintenant. Je me demandais pourquoi vous aviez coupé vos liens avec votre ami, le savant David Bohm, qui était pourtant une âme très élevée, et qui en a beaucoup souffert?

Krishnamurti : Il fallait que ce soit ainsi.

P. : Bon. Votre message a-t-il été compris même par ceux qui se réclament vos disciples?

Krishnamurti : Par certains, mais pas par tous, hélas.

P. : C'était très élevé comme message, n'est-ce pas?

Krishnamurti : Bien sûr.

P. : Maître, que peut-on faire pour aider les hommes à se libérer aujourd'hui?

Krishnamurti : Être soi-même, tout simplement.

P. : Vous disiez que les gens croient toujours que le salut viendra d'une personne extérieure, mais n'est-ce pas le mal de toute religion et de toute politique?

Krishnamurti : Effectivement.

P. : Et ce n'est pas à la veille de disparaître?

Krishnamurti : C'est déplorable, bien sûr.

P. : Puis-je vous demander ce que vous faites maintenant?

Krishnamurti : (*silence*) Je transmets aux âmes ce que je transmettais aux gens sur le plan de la mère terre.

P. : Reviendrez-vous sur terre?

Krishnamurti : Possibilité.

P. : Eh bien! Voilà les questions que je voulais vous poser. Je vous remercie beaucoup.

Krishnamurti : Bien à vous.

P. : Et j'aimerais que vous m'inspiriez toujours dans mon travail.

Krishnamurti: Nous allons continuer ensemble, bien sûr, et avec joie. Mes salutations!

Tous: Merci, maître!

Septième rencontre
(18 juillet 2004)

Participants:
P., Michel et des invités

Contact dans l'au-delà:
Lucien Hardy

Lucien: Eh, salut, mon frère!

Tous: Bonjour et bienvenue, père Hardy!

P.: Bien, j'ai quelques questions à vous poser. La dernière fois, nous avions parlé du sommeil profond, où l'âme reprend contact avec le monde de lumière. Ce n'est donc pas la même chose qu'une sortie du corps à l'état de veille, puisque dans le sommeil profond on n'est pas conscient, alors qu'on est complètement conscient dans une sortie du corps?

Lucien: Tout dépend: le sommeil profond peut être également conscient.

P.: Mais il ne l'est pas pour moi, en tout cas.

Lucien: Ça viendra.

P.: Ah oui?

Lucien: Dans une certaine mesure, tu en es conscient… Tu es conscient de tout ce que tu vas chercher à travers ces voyages dans l'invisible : tu as tout le contenu de ces livres que tu écris.

P. : Oui, le matin, je m'en souviens un peu.

Lucien : Bien sûr.

P. : Autre question. Au sujet des pyramides et des Atlantes. On en a déjà parlé il y a quelques années, et récemment vous parliez d'Atlantes qui s'étaient réincarnés.

Lucien : Bien sûr.

P. : Et qu'est-ce qu'ils avaient de spécial ?

Lucien : Oh ! Ils étaient très évolués, tu vois, sur les plans de la science et de la médecine.

P. : Leur première venue a eu lieu avant l'époque des pyramides, avant les pharaons ?

Lucien : Voilà.

P. : C'est eux qui auraient inspiré aux Égyptiens la façon de construire les pyramides, par la concentration mentale et l'émission d'un son qui faisaient ensemble léviter les pierres ?

Lucien : Exactement.

P. : Et à notre époque, s'ils s'incarnent dans le monde, de quelle façon seront-ils présents ?

Lucien : Vous les remarquerez, entre autres, dans l'avancement de certaines techniques médicales ; ils inventeront et utiliseront de nouvelles machines.

P. : Oui. Donc, ce ne sont pas des gens qui œuvrent tout d'abord sur le plan de la conscience spirituelle ?

Lucien : Spirituelle et scientifique, les deux.

P. : Et pour revenir aux pyramides : c'est évident qu'elles furent construites par des moyens psychiques, par des vibrations concentrées et non par la sueur des esclaves ?

Lucien : Bien sûr.

P. : Et ces idées venaient des Atlantes ?

Lucien : Voilà.

P. : C'étaient donc des êtres venus d'autres plans que le terrestre, et qui étaient descendus pour lancer la civilisation ?

Lucien : Pour lancer la civilisation, pour apporter des notions et des connaissances importantes – mais hélas ! qui ont fini par être mal utilisées.

P. : Si on regarde, par exemple, les œuvres d'art de l'Égypte ancienne, ces œuvres n'ont jamais été dépassées.

Lucien : Plusieurs de ces œuvres parlent des Atlantes, et on peut même les retrouver dans certains écrits et symboles imprimés dans la pierre.

P. : Et les dessins et les peintures également ?

Lucien : Également.

P. : Autre sujet. La dernière fois, je proposais de parler à des personnages tels que Hitler et Staline. Vous disiez qu'ils s'étaient réincarnés – de quelle façon au juste ?

Lucien : Ils ont choisi de vivre des vies difficiles et différentes mais aussi de réparer ce qu'ils avaient fait.

P. : Auraient-ils choisi de naître dans des pays où il y a beaucoup de misère ?

Lucien : Non, ils sont retournés sur le continent où ils avaient vécu.

P. : Eh bien, c'étaient ces questions particulières que je voulais vérifier. Il y en a deux autres qui regardent le domaine scientifique. Tout d'abord, le big-bang : pour moi, ce n'est pas du tout ce qui s'est passé, ce serait une simple hypothèse, faute de mieux.

Lucien : Vous avez entièrement raison.

P.: Oui, mais… *(rires)* expliquez-moi un peu. Il n'y pas eu de commencement?

Lucien: Effectivement.

P.: Il n'y a pas de commencement.

Lucien: Et il n'y aura pas de fin.

P.: Ce serait, comme l'expliquent les sages de l'Inde, une reprise continuelle, mais sans commencement ni fin.

Lucien: Exactement. Leur perception est très bonne, d'ailleurs.

P.: Et l'autre question qui touche l'évolution: La théorie de Darwin serait d'après moi également une fausse lecture des événements, car plusieurs espèces n'ont pas évolué (le cœlacanthe, le nautilus, le requin)?

Lucien: Entièrement raison là-dessus.

P.: Et que le processus ne s'est pas du tout fait par une matière qui se transforme d'elle-même, mais par une intromission d'esprit, de conscience.

Lucien: Effectivement.

P.: Et que c'est ça qui a fait évoluer les formes vers une complexité croissante?

Lucien: Bien sûr.

P.: Auriez-vous autre chose à me dire là-dessus?

Lucien: Je peux te dire que sur cette terre où vous êtes présentement, il y a une poussée, une transformation qui est en marche sur toute l'étendue de la planète.

P.: Pour que les gens finissent par…

Lucien: … s'éveiller à leur propre conscience.

P.: Se rendre compte de leur destinée spirituelle, que le paradis n'est pas dans le monde matériel et les apparences, mais dans l'âme…

Lucien: Exactement.

P.: Un processus qui ne peut commencer qu'individuellement, et non par la masse.

Lucien: Effectivement.

P.: Des individus qui sont plus conscients et qui soulèvent le reste des consciences…

Lucien: Bien sûr, et tu vois, tu sers d'intermédiaire, au moyen de tes écritures.

P.: Donc, je fais partie de ce plan de transformation?

Lucien: Bien sûr.

P.: Et donc, vous êtes d'accord avec ce livre que je viens de terminer, *L'émerveillement*?

Lucien: Bien sûr, il est magnifique. Il fera son chemin, t'inquiète pas.

P.: Et voilà, c'est tout ce que je voulais savoir pour le moment. Je vous remercie encore une fois pour tout ce que vous avez fait, et que vous faites toujours en m'accompagnant.

Lucien: Bien. Et c'est toujours une joie de coopérer avec toi.

(salutations d'usage)

HUITIÈME RENCONTRE
(15 août 2004)

Participants :
P., Michel, avec un invité

Contacts dans l'au-delà :
Une entité inconnue, François d'Assise, Lucien Hardy

(La médium en état de clairvoyance reçoit des messages.)

Médium : Je vois une espèce de voûte, qui englobe toute la pyramide, et on me dit que c'était un couloir qui servait d'ouverture par laquelle le pharaon pouvait s'envoler vers son étoile. Un message qui me vient pour toi : lorsque tu te concentres pour écrire tes textes, pour aller chercher certaines connaissances, tu n'as qu'à visualiser cette pyramide, tu entres dans cette partie qui semble être une bibliothèque remplie de parchemins, et le guide qui m'y a conduite serait là qui t'attendrait pour te révéler certaines connaissances qui y sont cachées.

P. : Ah ! ça serait merveilleux !

Médium : On me dit que tu pourras ainsi recevoir de l'inspiration et des éclaircissements sans avoir à passer par moi...

Maintenant, je vois la pyramide en lumière. On me fait entrer à l'intérieur, en suivant le guide de tout à l'heure. Il dit qu'il m'emmène dans un couloir conduisant à la bibliothèque qu'il m'a montrée auparavant. À l'instant, il me montre des parchemins. Il dit que certains ont été révélés à certaines personnes qui se sont éveillées[68]. Ces lectures ont pour but d'élargir les connaissances et la conscience.

On me fait part de te dire, Placide, que tu as déjà circulé dans ces lieux. Le guide me dit également qu'à une certaine époque, ces connaissances-là referont surface, mais que pour le moment il y a trop d'interférences et ça risquerait d'être une autre fois mal utilisé. Certains êtres empêchent de répandre la vérité, et la connaissance de ces textes induirait en erreur, du fait que les gens ne seraient pas prêts. Mais à un moment propice, certains condensés de ces connaissances referont surface. Il me dit que du fait que tu as centré ta pensée sur l'énergie de cet être, tu es prêt à recevoir, que pour ta part tu es une très vieille âme, que tu as fait plusieurs expériences sur ce plan terrestre, et que tu as vécu à l'époque de la construction des pyramides, que ce n'est pas que de cette vie que tu concentres toute ton énergie sur la recherche de la connaissance, car tu sais à quel point cet Univers te fait grandir et nourrit ton âme. C'est pour cela que dans cette vie-ci, tu as choisi la mission de mettre sur papier certaines connaissances dans le but d'alimenter l'éveil chez certains qui voudront bien consulter tes écrits.

(*La médium entre en transe: sa voix et son débit changent, mais pas au point de devenir la voix propre à chaque être telle qu'elle était sur terre.*)

Entité inconnue: Donc, sache bien ma joie de pouvoir t'introduire dans ce lieu…

P.: C'est François?

---

68. On peut penser à Edgar Cayce, Helena Blavatsky et Rudolf Steiner.

Entité inconnue: Nullement, c'est ce cher ami.

P.: **Lucien**?

Entité inconnue: Ne confonds point. Celui qui s'adresse à toi est cette entité sur laquelle tu as centré ton énergie, ce qui m'a donné l'occasion, tu vois bien, de t'introduire dans ce lieu, en ce centre énergétique où sont condensées les connaissances. Tu cernes bien, maintenant?

P.: Oui[69]. Et quel est votre nom?

L'entité inconnue: Imhotep! Bien sûr! *(Comme s'il disait: bien, voyons!)*

P.: Oh! Comme je suis heureux de vous rencontrer!

Imhotep

Imhotep[70]: Effectivement. Sache tout d'abord qu'il m'est donné l'occasion de prendre place ici avec tellement d'anticipation! Alors, sache bien ceci: comme il t'a été mentionné, tu as

---

69. En fait, si je comprenais le sens des mots, je ne savais pas qui parlait.
70. Génie de l'histoire de l'humanité, Imhotep construit la première pyramide – celle à six degrés de Saqqara vers –2900. Architecte, mage, philosophe, excellent médecin, les Grecs l'identifiaient à Asclépios (dieu de la médecine). Il est aussi l'auteur d'un Livre des instructions qui s'est malheureusement perdu. Il apprit de son père le métier de constructeur. Tout d'abord sculpteur de vases de pierre – de la diorite extrêmement dure –, il devint architecte, avant d'occuper toutes les hautes fonctions de l'État, tant religieuses qu'administratives. Mais il innova aussi dans les techniques artistiques. Il fut grand-prêtre d'Héliopolis, grand vizir, assistant du roi. «Imhotep» signifie «celui qui vient en paix». Dans mes recherches sur la sagesse ancienne, celle qui m'a frappé le plus fut la civilisation égyptienne. Aussi ai-je lu tout ce que je pouvais sur sa philosophie et son art, et le nom d'Imhotep m'est apparu en feuilletant des livres sur les pyramides. Je reconnaissais l'importance d'un tel personnage, à tel point que je me disais qu'un jour – à la fin de ma recherche –, je tenterais d'entrer en relation avec lui… si c'était possible. Mais cela s'est fait plus rapidement que je ne le pensais et d'une façon que je n'aurais jamais pu prévoir!

l'ouverture et la capacité de t'introduire dans cette énergie, dans ce vortex [...].

P. : Oui.

Imhotep : Donc, je veux te faire part qu'il y a à ta portée toutes ces possibilités d'accès à ces connaissances, car nous savons tous (*avec insistance et fermeté*) dans quel but tu le fais : pour répandre les connaissances.

P. : Oui, bien sûr.

Imhotep : Sache aussi à quel point nous pouvons reconnaître de ta part ces années où tu as investi de toi-même à travers tes livres. Nous voyons tout l'impact que tu y mettais, toute l'ampleur de ton cœur intègre. Ton objectif est de faire comme cela fut le cas à travers les époques passées, n'est-ce pas…

P. : Oui.

Imhotep : … d'amener certains à se sensibiliser, à s'ouvrir à ces autres mondes ?…

P. : En effet.

Imhotep : … Et nous savons combien il est déplorable – cela aussi nous l'avons bien reconnu de ta part – que certains restent centrés sur eux-mêmes et ne veuillent point reconnaître le monde de l'esprit. Mais tu vois que par tes écrits, tu as une manière d'exercer une certaine fascination à l'égard de ces âmes, de sorte que celles qui se réfèrent à tes écrits ont comme objectif d'aller jusqu'au bout de la recherche. Ainsi, tu vois que ton travail porte ses fruits ?

P. : Oui, je vois.

Imhotep : Tu sais aussi reconnaître la valeur des résultats que cela t'apporte. Alors, tu vois qu'il y aura pour ta part cette porte que nous ouvrons tout spécialement, en lien avec ton énergie, de sorte que chaque fois que tu en sentiras le besoin, tu pourras effectivement t'introduire, comme il te fut dit, dans ce vortex…

P. : Je comprends.

Imhotep : … où nous t'accompagnerons et où tu auras accès à ces connaissances. Sache aussi que parfois celles-ci te seront transmises à travers ce qui te semblera bien sûr être un rêve. Constate aussi combien ton âme voyage[71].

P. : Oui ?

Imhotep : Tu es toujours en lien et en contact avec certains sur les autres plans qui ont conservé à ton égard une amitié, un lien spirituel, et qui se plaisent à t'apporter le soutien et l'aide qui te sont nécessaires. Tout cela pour te confirmer, vois-tu, que tu n'es pas seul.

P. : Merci beaucoup de toute cette générosité.

Imhotep : Bien.

P. : Maintenant, maître, j'aimerais vous poser quelques questions. Tout d'abord, pouvez-vous me confirmer que c'est à partir des vibrations sonores que les pyramides furent construites ?

Imhotep : Effectivement.

P. : Et que c'était une connaissance venue des Atlantes ?

Imhotep : Oui. Tu vois bien, lorsque tu observes dans l'époque présente, que certains utilisent ces sons, à l'insu de la plupart, qui font trembler la terre.

P. : Les ultrasons, les sons électroniques ?

---

71. Les Égyptiens voyaient d'ailleurs l'au-delà comme un monde d'explorations, d'activités et de voyagements continuels. C'était leur façon de dire que « la vie non seulement ne s'arrête pas mais se poursuit avec un élan, un enthousiasme et un bonheur suprêmes ». Quant au voyage de mon âme dont parle Imhotep, c'est un fait pour chacun d'entre nous : durant le sommeil profond, l'âme entre en contact avec le monde qui lui est propre – celui de la lumière. Certaines âmes qui sont plus en recherche et plus avides de connaissances voyagent bien sûr davantage.

Imhotep: Les sons électroniques, bien sûr. Comme il en fut à l'époque des Atlantes.

P.: À cette époque, on a tout d'abord utilisé ces forces de façon positive et ensuite négativement?

Imhotep: De façon destructive, à mauvais escient. Ce qui est très déplorable. Je peux t'apporter un autre exemple: la formule du contenu de la bombe atomique est purement reliée à des formes vibratoires.

P.: Oui.

Imhotep: Et celui qui l'a matérialisée, c'est une de ces mêmes âmes, constate bien, que celles qui se sont mal servi de ce pouvoir à l'époque des Atlantes.

P.: Ah bon! Et qui a refait la même erreur?

Imhotep: Car tu vois que dans ce groupe...

P.: Il y avait entre autres un certain Oppenheimer – appelé le père à la fois de la bombe atomique et de la bombe à hydrogène – qui tenait plus que tous à créer ces engins de destruction.

Imhotep: Nourrissant en lui-même, constate bien, l'idée qu'il avait tous les pouvoirs.

P.: Ça s'est passé comme ça?

Imhotep: Exactement. Il ne faut pas que cette fois-ci[72] cela se reproduise.

(*silence*)

Tu sais aussi reconnaître l'importance de l'aspect raffiné et complexe des mathématiques.

P.: Je ne suis pas très fort en maths, mais je sais qu'il y a là un univers très élevé, car ce sont des formes pures, sans émotions, impersonnelles, donc proches de la Source.

---

72. Dans l'humanité qui va suivre celle-ci et qui est déjà commencée.

Imhotep: Effectivement, tu vois que tu parles comme un grand sage! Cela te démontre encore une fois que toutes ces connaissances auxquelles tu te réfères te ramènent à d'anciennes mémoires.

P.: Merci beaucoup de tous ces éclaircissements. Dites-moi: comme les pyramides ont été créées par les pouvoirs de la pensée et du son, elles n'ont pas dû prendre beaucoup de temps à bâtir?

Imhotep: Nullement, bien sûr.

P.: Et il n'y avait pas beaucoup de personnes impliquées?

Imhotep: Des initiés.

P.: Des initiés, justement. Et ces Atlantes, ils étaient d'une origine céleste – des extraterrestres?

Imhotep: Bien sûr.

P.: Venus sur terre au moyen d'un vaisseau spatial?

Imhotep: Effectivement.

P.: Et ils étaient sur terre bien longtemps avant les Égyptiens, plusieurs milliers d'années, je suppose?

Imhotep: Bien sûr. Tu vois, à propos de cette thèse que l'on émet avec tant d'insistance, selon laquelle les souches des cellules humaines sont tirées du singe, c'est une tromperie!

P.: D'ailleurs, il y a un intervalle de quelque 6 à 9 millions d'années où on ne trouve aucun indice d'un «chaînon manquant».

Imhotep: Certains Atlantes ont mal utilisé leurs pouvoirs en effectuant également des mutations. C'est une époque où sont nées certaines légendes, où existaient des formes mi-homme, mi-animal.

P.: Des centaures, par exemple.

Imhotep: Voilà. C'était une manipulation génétique, tu vois.

P.: Même dans la Bible, on mentionne une époque où des géants se mariaient avec des animaux.

Imhotep: Effectivement.

P.: Donc, l'être humain est d'origine céleste…

Imhotep: Bien sûr.

P.: … très pur au début – avec les Égyptiens c'est encore un être orienté vers le divin –, mais ça commence déjà à se détériorer avec la venue d'Alexandre.

Imhotep: Justement.

P.: La dimension spirituelle diminue avec les Grecs, et davantage avec les Romains et surtout chez les chrétiens, une fois organisés en puissance arrogante, pour aujourd'hui atteindre la fond de la dégradation.

Imhotep: Déplorable effectivement, bien sûr.

P.: Et cette humanité va se détruire, mais une petite portion sera épargnée pour ensemencer la nouvelle humanité, après une époque de destruction-purification. Et ces êtres choisis sont déjà à l'œuvre.

Imhotep: Ce sont des éveilleurs, ils sont déjà en plein travail.

P.: Est-ce que ce sont des Atlantes ou des gens inspirés par eux?

Imhotep: Certains sont des Atlantes.

P.: Des gens qui travaillent dans le domaine de la sagesse ou de la science élevée et qui demeurent inconnus?

Imhotep: Effectivement.

P.: Et ces gens seraient un peu comme le Noé (de la Bible) ou le Manu (de l'Inde védique), emportés par un vaisseau spatial, pour recommencer ensuite une prochaine race humaine.

Imhotep: Voilà.

P. : Et ce qui s'est passé sur le plan de l'évolution…

Imhotep : Il n'y aura plus d'hybrides dans la nouvelle humanité.

P : … ça va recommencer à neuf une autre fois mais pas de la même façon.

Imhotep : Voilà.

P. : Ce monde présent va être détruit par l'eau (tsunamis, inondations) et par le feu (volcans, séismes).

Imhotep : Bien sûr.

P. : Et ensuite, tout va recommencer.

Imhotep : Et ceux qui alimentent cette destruction se détruiront par eux-mêmes.

P. : C'est ça. Donc, cet ouvrage qu'il m'a été donné d'écrire ou qu'on m'a demandé en somme de faire aurait pour titre significatif *Le jour où la lumière reviendra* ?

Imhotep : Bien sûr.

P. : Parce qu'il faudra passer par un moment d'obscurité…

Imhotep : … pour atteindre la lumière.

P. : Et ensuite l'humanité va recommencer à partir du début.

Imhotep : Voilà, tu es bien inspiré, sache bien. Et si tu es d'accord, je te servirai de guide.

P : Ah! ce serait merveilleux!

Imhotep : Je t'introduirai dans ce vortex, dans cette bibliothèque de l'Univers, tu vois, à laquelle tu auras accès[73].

---

73. Au cours des années 1940, le voyant Edgar Cayce avait prévu qu'un jour ce qu'il appelait le Temple des archives, situé sous les pattes du Sphinx, serait redécouvert. Mais présentement, les autorités égyptiennes ne permettent pas d'en faire l'exploration par crainte de voir l'infrastructure s'effondrer.

P. : En passant, le livre de Colin Wilson que j'utilise (*From Atlantis to the Sphinx*) est-il véridique?

Imhotep : Bien sûr.

P. : Et les cycles de l'Inde avec chacun quatre âges (*yugas*) sont-ils fiables?

Imhotep : Ce sont ceux-ci qui sont les plus ajustés.

P. : Nous serions donc dans le dernier âge, le *kali yuga* – sans en préciser les dates.

Imhotep : Effectivement. Il y aura, tu vois, cette transformation…

P. : Et cette transformation sera-t-elle contemporaine de la précession des équinoxes qui renversera l'ordre des choses?

Imhotep : Bien sûr, bien sûr. Un nettoyage complet.

P. : Par l'eau tout d'abord, et par le feu.

Imhotep : Exactement.

P. : Les espèces animales nouvelles…

Imhotep : Certaines de celles-ci se modifieront.

P. : Donc, il va y avoir une autre série de vivants.

Imhotep : Bien sûr, et avec la certitude qu'il n'y aura pas de carnivores.

P. : Ah oui? Et pouvez-vous me dire, puisque vous le voyez de très haut, si j'ai raison d'affirmer que les dinosaures ont été détruits non par des météorites, mais plutôt par des déluges dus à la fonte de glaciers, par des volcans et par des séismes?

Imhotep : Plutôt par des déluges, par des tremblements de terre et aussi par le feu. Tu vois, ces animaux ont été créés par les manipulations génétiques des Atlantes qui voulaient maintenir le pouvoir[74].

---

74. Donc, les Atlantes étaient présents et actifs (sans être nécessairement incarnés) depuis très longtemps; dans le cas présent, ils auraient donc agi non pas seuls, mais avec d'autres entités de l'au-delà.

P.: Ces Atlantes devaient posséder des connaissances qui dépassent de beaucoup les nôtres?

Imhotep: Effectivement.

P.: Et ils les ont transmises à certains peuples, dont les Égyptiens?

Imhotep: Tu sais que par le son tu peux même déplacer des objets?

P.: Oui. Mais certains pouvoirs seront utilisés négativement, ce qui fait qu'il sera à un moment donné impossible de retrouver la pureté d'origine, sans passer par de grandes purifications.

Imhotep: Voilà. Et c'est déplorable, tu sais.

P.: C'est comme si on n'apprenait pas autrement qu'en ayant mal, qu'en se détruisant.

Imhotep: Et tu vois que l'objectif des expériences de chacun est de déprogrammer ces souffrances, imprégnées jusque dans leurs cellules.

P.: Donc, seuls quelques-uns vont remuer la masse, puisque d'elle-même elle ne pourrait s'éveiller?

Imhotep: Et ceux qui refusent de s'éveiller, tu vois, s'élimineront par eux-mêmes.

P.: Comme ces éveilleurs seront parsemés dans le monde entier…

Imhotep: Et c'est déjà commencé.

P.: … ceux qui veulent s'ouvrir le peuvent, ce sera la semence de la future humanité.

Imhotep: Bien sûr, et sache que tu fais partie de ces éveilleurs, à travers ce que tu émets dans tes écrits, car tu acceptes, vois-tu, de communiquer ce que tu reçois.

P.: Merci beaucoup. Eh bien, maître, voilà les questions que je voulais vous poser depuis quelque temps.

Imhotep: Bien. Alors n'oublie pas que je laisse cette porte ouverte et chaque fois que tu en sentiras le besoin, viens dans ce vortex. Je viendrai à ta rencontre et je t'expliquerai, vois-tu, certains écrits ainsi que leur importance. Et ne sois plus étonné qu'à certains de tes réveils du matin, tu conserves en mémoire tout ce que tu auras reçu pendant le sommeil.

P.: Ce serait merveilleux, en effet… Et finalement, le livre de Ned Dougherty (*Voie express pour le paradis*), qui raconte les désastres à venir, est authentique?

Imhotep: Bien sûr, cet auteur a été guidé afin d'éveiller et d'alimenter les consciences.

P.: Mais la date qu'il propose (d'ici 2034) ne serait qu'approximative – cela pourrait se produire avant?

Imhotep: Bien sûr. Et aussi, cela peut être évité – selon, tu vois, l'ouverture sur le plan de la collectivité.

P.: Pourtant, ce n'est pas d'elle-même que la masse peut s'éveiller, ce sera plutôt par ces éveilleurs – le levain à l'intérieur de la masse qui inspirera celle-ci à s'ouvrir?

Imhotep: Exactement. Et l'effet en sera très ressenti.

P.: Merci beaucoup, maître. Avant de vous quitter, cher ami Imhotep, vous voyez que j'ai apposé sur le mur des photos de sculptures égyptiennes[75]?

Imhotep: Ce n'est nullement par hasard: vous alimentez ainsi d'anciennes mémoires. Vous avez des liens très raffinés, très particuliers avec l'éveil de la connaissance, l'éveil de la vie. Et par ces images, vous nourrissez ces anciennes mémoires.

P.: Quant à moi, l'art et la technique des Égyptiens n'ont jamais été dépassés: on créait même des vases très effilés

---

75. Les âmes voient tout et sont réellement présentes dans le lieu où se fait le contact.

en pierre très dure – diorite – où le doigt pouvait à peine passer[76].

Imhotep : Cher ami, écoutez bien ceci. Ayez la certitude de ce que je vous apporte : vous pouvez tout créer par vos pensées.

P. : Ah bien oui ! c'est beaucoup plus simple ainsi. (*rires*)

Imhotep : Ah ! Ah ! Bien sûr !

P. : Bien, je voudrais vous remercier encore, je ne sais comment m'adresser à vous, mais…

Imhotep : Comme un ami, bien sûr.

P. : Donc, vous êtes tous ensemble, indépendamment des époques et des fonctions que vous aviez sur terre ?

Imhotep : Tous dans le présent. Bien sûr.

P. : Alors, je vous salue.

Imhotep : Bien, mes salutations à tous.

Tous : Au revoir et merci, Imhotep.

(salutations d'usage par Lucien ou François)

---

76. C'était une des activités d'Imhotep avant qu'il crée la première pyramide.

NEUVIÈME RENCONTRE
(12 septembre 2004)

Participants:
P., Michel et des invités

Contacts dans l'au-delà:
**François d'Assise, Lucien Hardy, Elisabeth Kübler Ross,
Imhotep**

François d'Assise

[...]

François: Ami Placide. (*très fortement*)

P.: Oui, bonjour François!

François: Quelle gentillesse de recevoir ici les amis, du plan de la terre et du plan de la lumière.

P.: Ça me fait plaisir et ça rend service à tous. Eh bien, François, Michel aurait une question à vous adresser.

François: Bien.

Michel: Bonjour, François.

François : Bienvenue, cher ami. Comment ça va ?

Michel : Ça va bien. On fait encore des recherches, mais au moins ça avance.

François : Bien. Tu as davantage le goût de t'arrêter sur toi, de réfléchir sur toi-même.

Michel : On va y arriver.

François : Bien sûr.

Michel : Soyez patient avec moi et ça va bien aller.

François : Oh ! nous sommes patients, ne t'inquiète pas, et quand tu conduis la voiture, on tient le volant, sache bien !

Michel : Merci. François, j'ai appris que Elisabeth Kübler Ross était récemment passée sur un autre plan. Est-ce qu'on peut lui parler aujourd'hui, ou est-elle encore dans la « maison de repos » ?

François : Un instant, un instant.

P. (*murmuré*) : Elle ne travaille peut-être pas le dimanche !

(*rires*)

Elisabeth Kübler Ross[77]

Elisabeth (*très doucement et lentement*) : Que ça me fait plaisir de pouvoir être avec vous, mes amis !

Tous : Bonjour, madame Ross.

Elisabeth : Ah ! que c'est avec joie ! Je voulais vous faire part, voyez, que je ressens tout l'enthousiasme que vous mettez à référer à mes écrits, dont certains rapportent le condensé de mes expériences. Je voulais aussi vous rassurer que depuis

---

77. Arrivée dans l'autre monde le 24 août 2004, nous lui parlions quelques jours plus tard.

mon départ de votre plan, on m'accorde le privilège d'être en contact avec les anges…

Tous: Oh! c'est merveilleux!

Elisabeth: … et aussi de retrouver les enfants que j'ai accompagnés sur votre plan.

P.: Et il doit y en avoir beaucoup.

Elisabeth: Bien sûr, on se retrouve.

Michel: Avez-vous rencontré Mme Schwartz, qui vous était apparue à un moment sur terre?

Elisabeth: Bien sûr.

Michel: Et votre mari, vos enfants et vos parents?

Elisabeth: On est tous ensemble.

Michel: Vous vous souvenez que sur terre, vos guides vous avaient annoncé des bouleversements «de proportion biblique» – éruptions volcaniques, séismes, inondations, etc.?

Elisabeth: Effectivement.

Michel: Vous avez vu tout ça?

Elisabeth: J'ai eu la vision de tout cela, en effet.

Michel: Aviez-vous vu tomber les deux tours de Manhattan avant que cela se produise le 11 septembre 2001?

Elisabeth: Également, bien sûr.

Michel: Vous confirmez donc la vision qu'a eue à ce sujet Ned Dougherty (*Voie express pour le paradis*)?

Elisabeth: Bien sûr.

Michel: Ça veut dire que les autres catastrophes prévues par lui vont se réaliser?

Elisabeth (*après un silence*): Tout dépendra, vois-tu, de l'attitude de chacun. Tout dépendra de l'accroissement de l'éveil dans les consciences. Il y a de plus en plus de rassemblements dans lesquels la plupart manifestent leur opposition à tous ces bouleversements, ces troubles qui alimentent la violence et causent des morts. Tu vois, tout ce négatif qui s'imprègne dans les énergies, la prière peut en diminuer la force. Sache aussi, comme il a été dit par certains, qu'il y a des participants sur d'autres plans qui s'appliquent avec d'autres sur terre à faire tout un nettoyage sur le plan énergétique. Votre façon de vous impliquer, c'est de concentrer vos intentions, vos pensées et vos actions sur cette transformation. Tout cela a son importance – individuellement et collectivement. Est-ce que cela te satisfait, cher ami?

Michel: Oui, ça répond à ma question. Maintenant, dites-moi: faites-vous aussi des conférences là-haut?

Elisabeth: Ah! je continue toujours!

Michel: Bon. Avez-vous rencontré Blacky, votre petit lapin noir qu'on a décapité ou bouilli?

Elisabeth: Son énergie est avec moi. Il est loin d'être passé à l'état de bouillie, tu sais!

Michel: Bon. Vous savez que Placide vous cite souvent dans ses conférences?

Elizabeth: Bien, je vais te dévoiler un secret, cher ami: c'est que je suis à côté de toi, Placide…

P.: Sûrement.

Elisabeth: … et je te souffle les mots dans les oreilles!

P.: Oh! c'est magnifique! Merci.

Elisabeth: Et je vais même participer, si tu es d'accord, à tes écritures.

P.: Bien sûr. Comme ce serait bien!

Elisabeth: D'accord?

P.: Et comment!

Elisabeth: Tu as toujours le message à transmettre – comme moi je l'ai fait à travers mes propres expériences – que la mort n'existe pas.

P.: Bien oui, c'est l'essentiel.

Michel: Je vous remercie, madame Ross. Vous m'avez beaucoup éclairé, et ce que vous avez écrit, c'est fabuleux. En tout cas, ça m'a aidé énormément!

Elisabeth: Cela t'a aidé à trouver le vrai sens de ta vie, tes vraies valeurs.

Michel: Oui. Maintenant je vais vous passer Placide.

P.: Eh bien, Elisabeth, j'aimerais revenir sur les catastrophes annoncées: ne serait-ce pas nécessaire que l'humanité passe par une purification?

Elisabeth: Bien sûr.

P.: C'est vrai que beaucoup de gens prient, ici-bas et dans l'au-delà, pour que les choses changent, mais on ne peut pas faire l'économie de cette purification…

Elisabeth: Tu as entièrement raison.

P.: … et la plupart des humains vont y passer.

Elisabeth: C'est déplorable. Et ceux qui resteront, tu vois, auront choisi de répandre les vraies valeurs.

P.: Ce n'est pas entièrement négatif dans le sens que, même dans la vie d'un individu, les épreuves sont des sources…

Elisabeth: … qui font grandir. Bien sûr.

P.: Donc, ce serait la même chose pour l'humanité dans son ensemble: elle ne peut comprendre à moins que ça ne fasse très mal.

Elisabeth: C'est déplorable mais c'est ainsi, bien sûr.

P.: Eh bien, voilà ce que je voulais ajouter. Je voudrais aussi, si possible, parler à mon ami Lucien.

Michel : Merci, madame Ross, et j'espère que vous allez continuer de nous aider.

Elisabeth : Je vous salue et je vous aime.

(silence)

Lucien Hardy

Lucien *:* Eh bien, salut, mon cher frère !

P. : Bonjour, ami Lucien.

Lucien : Et que ça me fait plaisir, que ça fait plaisir d'être avec vous, les amis !

Tous : Bonjour, père Hardy !

P. : Lucien, je n'ai qu'une question à poser aujourd'hui.

Lucien : Bien, d'accord.

P. : Comme ça, ce ne sera pas fatigant pour vous !

Lucien : Ah ! ça arrive bien, je suis en congé. C'est dimanche, aujourd'hui !

P. : C'est toujours dimanche chez vous ! (*rires*)

Lucien : Bien sûr.

P. : Quand on parle de l'âme, il y aurait un aspect conscient et un autre inconscient ?

Lucien : ... qui se complètent.

P. : Oui, les deux font un, mais à l'état de veille, c'est-à-dire pendant le jour, c'est le côté conscient de l'âme qui se manifeste, c'est la partie qui nous permet d'entrer en contact avec la vie extérieure, le monde physique.

Lucien : Effectivement, c'est cette dimension consciente.

P. : Mais l'essentiel est inconscient ou, disons, imperceptible, inconnaissable, et on le retrouve dans le sommeil profond.

Lucien: Effectivement.

P.: Et la phase consciente est une sorte de relais permettant de s'occuper du monde matériel et d'établir des liens avec l'extérieur.

Lucien: Très bien cerné, cher ami.

P.: Et ce volet, disons caché, celui du sommeil profond, est impersonnel, alors que celui qui s'occupe du monde physique est personnel – c'est-à-dire qu'il s'identifie au corps, aux rôles qu'on joue (l'âme se prend pour quelqu'un jusqu'à ce qu'elle ait reconnu sa vraie nature). Un côté ouvert sur l'éternité, l'autre sur le temps!

Lucien: Effectivement. Et l'aspect impersonnel, tu vois, comprend les deux.

P.: L'âme impersonnelle n'est coupée de rien, elle est reliée à tout, alors que la dimension personnelle-consciente a tendance à se couper des autres et du monde, pour s'enfermer dans son égocentrisme. Est-ce que ça a du sens?

Lucien: Ça a beaucoup de sens.

P.: Maintenant, dans un tout autre domaine, j'aimerais que vous me parliez des insectes. Ont-ils une âme, ou est-ce plutôt une énergie de groupe?

Lucien: Ils ont choisi, tu vois, dans le travail qu'ils accomplissent, de maintenir l'équilibre dans la mère terre.

P.: Mais ils n'existent que sur terre, pas dans l'au-delà?

Lucien: Effectivement.

P.: Et comme ils ont une âme de groupe (comme les abeilles, les fourmis et les termites), aucun insecte ne possède une âme individuelle?

Lucien: C'est bien ça.

P.: Mais les bêtes à patates, par exemple?

Lucien : On les appelle les «petites bêtes à bon Dieu». Ils ont aussi une âme de groupe.

P. : Merci. Maintenant, j'aimerais si possible parler à Imhotep.

Lucien : Ce cher ami ? Bien, d'accord.

P. : Oui, il est plus ancien que vous, hein ?

Lucien : Ah oui ! il vient de très loin, celui-là ! Alors, mes saluts, chers amis !

Tous : À bientôt, Lucien.

(*silence*)

Imhotep[78]

Imhotep : Avec joie, je manifeste ma présence…

P. : Bonjour, Imhotep.

Imhotep : … heureux de partager avec vous et de vous retremper dans ces anciennes mémoires.

P. : Oui, bien sûr.

Imhotep : Mais sachez bien que sur notre plan, il n'y a pas d'espace ni de temps.

P. : Vous êtes toujours là et au présent.

Imhotep : Voilà.

P. : Et vous savez donc déjà les questions que je vais vous poser !

Imhotep : Bien sûr !

---

78. Dans les rencontres qui suivent, j'aurai plusieurs conversations avec Imhotep. La raison en est que je prépare un livre où il y aura de nombreuses et importantes allusions à la civilisation primordiale, celle de l'Égypte pharaonique, et qu'à ce sujet cet être remarquable m'instruit et m'éclaire sur plusieurs plans.

P. : Vous étiez déjà préparé d'avance.

Imhotep : J'ai fait mon devoir, professeur !

P. : (rires) Alors, vous savez qu'ils s'agit surtout des Atlantes. Ce n'étaient pas des êtres physiques, mais plutôt des formes-pensées ?

Imhotep : Voilà.

P. : Donc, ils étaient plus proches de l'âme que du corps ?

Imhotep : Effectivement.

P. : Et certains d'entre eux se sont intéressés au monde physique, à la matière…

Imhotep : Justement.

P. : Et ils ont commencé à s'exercer sur la matière.

Imhotep : Et à faire des manipulations génétiques.

P. : En créant des formes hybrides – centaures, sirènes, satyres…

Imhotep : Bien sûr.

P. : … qu'ils ont ensuite détruites, j'imagine.

Imhotep : Effectivement.

P. : Là où ça fait problème, c'est où vous placez l'avènement de l'*homo sapiens*, dont les corps sont peu nombreux, et qui arrive longtemps avant ?

Imhotep : Même avant que les Atlantes s'incarnent sur terre.

P. : Ceux-ci y étaient de 200 000 à environ 10 000 avant notre ère ?

Imhotep : Approximativement, bien sûr.

P. : Donc, ils créèrent des espèces hybrides.

Imhotep : Mi-homme, mi-animal.

P. : C'est ce dont parle Edgar Cayce, qui n'est cependant pas toujours fiable.

Imhotep : Il dévie quelque peu, parfois.

P. : Donc, ces Atlantes arrivent sur terre et habitent l'Antarctique, qui était à ce moment libre de glace[79].

Imhotep : Bien sûr.

P. : Ils se projetèrent dans des formes matérielles, pouvaient léviter, parler par télépathie, voyageaient par des vaisseaux, qui étaient à la fois avions et sous-marins. Tous les Atlantes avaient ces dons, même ceux qui se sont laissé corrompre par leurs pouvoirs.

Imhotep : Exactement.

P. : Ils connaissaient les gaz, l'électricité, l'enregistrement de la voix, la télé, la photo à distance. Et les hommes de Cro-Magnon, où les placez-vous ? Ils sont bien avant.

Imhotep : Exactement.

P. : Et qui les a produits – car ce ne sont pas encore des humains ?

Imhotep : Pas encore tout à fait.

P. : Car vous disiez, la dernière fois, que les humains ne venaient pas des singes…

Imhotep : Nullement.

P. : Mais directement de la Source de toute vie ?

Imhotep : Effectivement.

P. : Alors, cet homme de Cro-Magnon, celui de Neandertal, qui sont-ils ?

---

79. Tout comme le Groenland était vert autrefois (c'est justement le sens de son nom – «terre verte»), de même que les mammouths vivaient dans une Sibérie où le climat était alors tempéré, et que l'on a même retrouvé des palmiers dans la région des pôles terrestres, selon le Dr Immanuel Velikovsky (*Mondes en collision*).

Imhotep: Ce sont des hybrides.

P.: Des hybrides. Des essais, ce qui explique pourquoi on trouve si peu d'ossements[80]?

Imhotep: En effet.

P.: Et les dinosaures, quelque 200 millions d'années avant, existaient donc avant les Atlantes?

Imhotep: Bien sûr.

P.: Mais les Atlantes les auraient trouvés très embarrassants et auraient essayé de s'en débarrasser?

Imhotep: Bien sûr. Et les Atlantes eux-mêmes ont fini par se détruire.

P.: Il se serait créé une division dans leur groupe, entre ceux qui vivaient pour le monde de l'esprit et le service des autres, et ceux qui se servaient des pouvoirs divins pour manipuler la matière, se procurer du plaisir et contrôler. C'est la même division qu'on retrouve parmi les humains d'aujourd'hui.

Imhotep: Effectivement.

P.: Est-ce que c'est de cette lutte entre Atlantes que nous vient la légende biblique du combat entre bons anges et mauvais[81]?

Imhotep: Tout à fait.

P.: Et ceux qui abusaient de leurs pouvoirs ont fini par se détruire.

---

80. Le docteur Louis Leakey, le grand paléontologue, disait, dans *People of the Lake*, que «si on prenait la peine de rassembler tous les fossiles connus de nos ancêtres, on n'aurait besoin que de deux tables à tréteaux – on ne peut en trouver que quelques ossements».

81. N'oublions pas que Moïse était égyptien – sans doute un vizir du pharaon – et qu'il a dû répandre les connaissances transmises par les premiers Égyptiens qui avaient connu les Atlantes.

Imhotep: Tout comme cela se passe aussi durant votre ère, avec la bombe atomique et ses suites.

P.: Il y aurait eu deux destructions des Atlantes, une à la suite du changement de l'axe terrestre, et l'autre provoquée par la négativité et la déchéance d'une partie des Atlantes, vers −10 500 ans. Est-ce le cas?

Imhotep: Bien sûr.

P.: Je pense que c'est vous qui m'avez aidé à préciser toutes ces notions?

Imhotep: Vous avez très bien appris votre leçon. Vous voyez qu'il m'arrive parfois d'être professeur? (*rires*)

P.: Mais je n'ai pas été très bon élève, puisque vous me disiez d'entrer en contact en visualisant une pyramide – ce que j'ai peine à faire – pour aller ensuite à votre rencontre.

Imhotep: Et alors, cher ami, dessinez cette pyramide.

P.: J'entre dedans…

Imhotep: Voilà. Entrez dans cette énergie.

P.: Et vous serez là. Mais on était tout de même déjà en contact, n'est-ce pas?

Imhotep: Oh! que si! grandement, bien connectés, comme vous dites dans vos expressions – «connectés direct».

P.: Et ce n'est pas fini… J'ai d'autres questions. Par exemple: il n'y a pas de traces physiques laissées par les Atlantes – pas de corps?

Imhotep: Nullement.

P.: Donc, même ceux qui se sont matérialisés n'ont pas laissé de corps?

Imhotep: Effectivement.

P.: Et il n'y a pas non plus de dessin représentant la construction des pyramides?

Imhotep: Il y a certaines formules…

P.: Mais aucun dessin montrant le mode d'emploi?

Imhotep: Aucun. Mais il y a des textes, voyez-vous, des parchemins où ces choses sont mentionnées.

P.: Ce serait dans la pyramide dont parle Edgar Cayce, qu'il appelle «le Temple des archives»?

Imhotep: Voilà.

P.: Et c'est là que je dois vous rencontrer?

Imhotep: Effectivement. C'est pour cela que je te parle de pyramide.

P.: Il disait qu'on découvrirait un jour le contenu de ce temple en question.

Imhotep: Cette bibliothèque souterraine. Bien sûr.

P.: Bon. Autre chose: le Sphinx. Il aurait été construit bien avant les pyramides?

Imhotep: Bien sûr. Il fournit un exemple d'une forme hybride.

P.: Ce serait donc à cette époque où les Atlantes jouaient avec ces possibilités?

Imhotep: En effet.

P.: Donc, très ancien. Est-ce que ça n'a pas été fait par les Atlantes?

Imhotep: Oui, à cette même époque (*celle des formes hybrides*).

P.: Bon. Cependant, les pyramides elles-mêmes sont l'œuvre des Égyptiens instruits par des Atlantes?

Imhotep: Voilà.

P.: Donc, ils avaient tout appris des Atlantes spirituels, et les autres (les matérialistes) sont partis peu après.

Imhotep: Effectivement[82].

P.: Ensuite, le récit du déluge que l'on trouve tant en Inde (Manu à la place de Noé) que chez les Mayas ou en Mésopotamie, serait le même que celui des Sémites (le Noé de la Bible), et tout cela serait venu de faits très réels?

Imhotep: Fondés sur des faits, bien sûr.

P.: Et les autres civilisations contemporaines de celle d'Égypte – Chine, Assyrie, Inde et plus tard, maya – ne sont-elles pas également dépositaires de la sagesse et des connaissances des Atlantes qui ont essaimé un peu partout, lorsque l'Antarctique s'est mis à geler?

Imhotep: Bien sûr. Certains ont bien compris et ont bien utilisé les enseignements, d'autres les ont déformés – ils se sont divisés en clans, et c'est à partir de là que les guerres se sont enclenchées.

P.: Alors, qu'en est-il de ces légendes de la terre de Mû et de la Lémurie?

Imhotep: C'est une autre forme symbolique de ce qui s'est passé en Atlantide.

P.: C'est un état de conscience semblable à celui des Atlantes?

Imhotep: Bien sûr.

P.: Et l'Atlantide n'était pas située, comme on l'a cru, dans le nord de l'Atlantique (les Açores, etc.), mais dans

---

82. Par exemple, les pyramides construites en Amérique centrale et en Assyrie ne l'ont pas été avec les pouvoirs psychiques – le son contrôlé par la pensée – comme celles de l'Égypte et, par conséquent, seraient l'œuvre des Atlantes matérialistes qui, ayant abusé de leurs pouvoirs, les auraient perdus et auraient quitté l'Égypte. Il suffit de remarquer que, parmi les nombreuses créations de pyramides tentées ailleurs qu'en Égypte, on ne retrouve pas de formes reproduisant la suprême majesté des trois grandes de Gizeh. Dans l'ensemble, toutes les autres semblent reprendre la pyramide à degrés du début – celle qu'Imhotep a bâtie pour son pharaon.

l'Antarctique, qui était alors un peu plus haut qu'actuellement, grâce au déplacement des continents?

Imhotep: Bien. Voyez que vous êtes bien connecté, cher ami.

P.: Ça commence à aller beaucoup mieux, merci. Autre petite question, maître Imhotep: les cinq races que l'on connaît seraient-elles apparues au même moment?

Imhotep: Bien sûr.

P.: Et maintenant, la précession des équinoxes. Cet événement qui bouleverse toute la terre a lieu à des moments prévisibles, mais il pourrait aussi se produire en dehors des temps prévus, à cause de la déchéance et du désordre des humains, comme c'est le cas présentement?

Imhotep: C'est en effet l'expérience de la déchéance des Atlantes qui se répète.

P.: Ah bon! c'est le même scénario. Eh bien, cher Imhotep, c'est là tout ce que j'avais à vous demander.

Imhotep: Ah bon! on a bien travaillé.

P.: Ce sont toutes sortes de points que vous m'aviez suggérés pendant mes lectures, au milieu de nombreux passages sans valeur.

Imhotep: Bien sûr. Voyez que vous avez l'ouverture, l'intelligence et le discernement.

P.: Mais ça m'aide beaucoup que vous m'ayez indiqué les bons livres.

Imhotep: Mais vous m'avez demandé de m'en mêler, alors je le fais. (*rires*)

P.: Dans la plupart des livres, les auteurs ont peur de mentionner l'importance de l'au-delà, alors que c'est ce qui comptait avant tout chez vous, les Égyptiens.

Imhotep: On s'est éloigné des choses essentielles.

P. : Et c'est cette sagesse-là qu'il nous faudrait maintenant.

Imhotep : Bien sûr, et vous allez la transmettre à travers vos livres.

P. : Alors voilà, maître Imhotep. C'est tellement merveilleux de pouvoir vous parler, alors qu'au début, ça me semblait une chose à peine possible. Je pensais vous parler beaucoup plus tard, une fois les recherches bien engagées, mais je m'aperçois que les recherches se font avec vous.

Imhotep : Bien sûr, et à mesure que vous en avez besoin.

P. : Alors, je pense que c'est tout.

Imhotep : Très heureux d'avoir pu participer avec vous.

P. : Merci beaucoup pour tout.

Imhotep : C'est avec joie, et bonne recherche ! Je vous salue.

Tous : Salut, et merci, Imhotep !

(salutations et boniments d'usage)

DIXIÈME RENCONTRE
(20 octobre 2004)

Participants:
Placide, Michel et un invité

Contacts dans l'au-delà:
Imhotep, Adolf Hitler, Etty Hillesum

(salutations d'usage)

Imhotep

Imhotep: Très heureux de pouvoir manifester ma présence.

Tous: Bonjour, Imhotep. Vous allez bien?

Imhotep: Bien sûr. C'est agréable de voyager à travers les époques, n'est-ce pas? (*rires*)

P.: Maître, j'ai plusieurs questions à vous poser, pour éviter de dire des sottises dans le livre que je prépare.

Imhotep: Si vous prenez du recul, cher ami, à l'égard des autres condensés de vos écrits, c'est loin d'être des sottises!

P. : Alors, il ne faudrait pas non plus que celui-ci en contienne !

Imhotep : Ça ne sera pas le cas.

P. : Ma première question concerne l'apparition de l'homme dans le temps : il n'était pas du tout descendu du singe, mais incréé (son corps créé, mais pas son âme) ?

Imhotep : Bien sûr. Mais concevez bien ceci. Je vous ai déjà dit qu'il y a eu une époque où on pratiquait des manipulations génétiques ?

P. : Oui. Vous parlez des hybrides ?

Imhotep : Voilà.

P. : Mais cette manipulation n'était pas l'homme tel qu'on le connaît – *homo sapiens sapiens* – comme on le dit savamment (ça paraît encore plus savant en latin !) ?

Imhotep : Non, ce n'était pas cet homme.

P. : Mais plutôt une sorte d'essai, un essai manqué – c'était le produit des Atlantes, n'est-ce pas ?

Imhotep : Pas uniquement, cela venait aussi d'êtres situés sur d'autres plans[83].

P. : Ah bon ! Parfait. Maintenant, si vous le voulez, on va parler des Atlantes.

Imhotep : Bien.

P. : Vous disiez que c'étaient des esprits mais qu'ils prenaient une forme matérielle et pouvaient donc manipuler la matière ?

Imhotep : Bien sûr, bien sûr.

---

83. Un des thèmes retrouvés dans la littérature de l'au-delà est le fait que les deux plans – celui de la lumière et celui de la terre – sont toujours en contact, par l'entraide, la prière et les messages.

P.: Donc, il y en a qui ont abusé de leurs pouvoirs, mais bon nombre seraient restés fidèles, ou est-ce moitié-moitié?

Imhotep: Moitié-moitié.

P.: Et ils venaient tous d'une autre planète?

Imhotep: Bien sûr.

P.: Étaient-ce des anges?

Imhotep: Ils en ont déjà été.

P.: Seraient-ce des âmes qui ne sont pas encore incarnées?

Imhotep: Pendant votre ère, certains parmi eux s'incarnent effectivement.

P.: Mais ce n'est pas fréquent et ils ne sont pas nécessairement reconnaissables à des traits tels que des yeux bleus, des cheveux blonds ou des auriculaires nettement plus petits? Autrement dit, on n'est pas atlante du seul fait qu'on le souhaiterait?

Imhotep: Non, bien sûr.

P.: Et ces Atlantes, ils devaient être quand même visibles ou reconnaissables?

Imhotep: Bien sûr.

P.: Puisqu'ils ont bâti le Sphinx?

Imhotep: On les évoquait même par une image: ils étaient appelés les géants.

P.: Oui, c'est ça, c'étaient des géants – même Cayce en parle, ainsi que la Bible.

Imhotep: Bien sûr.

P.: Donc, des êtres de grande taille, quand ils se manifestaient, et très forts et dotés de dons exceptionnels.

Imhotep: Voilà.

P.: Et ils ont duré depuis environ l'an −200 000 jusqu'à l'époque du Sphinx (vers −9000)? Ils étaient par conséquent organisés, ils devaient avoir des familles, ou bien chacun aurait vécu quelque 200 000 ans, ce qui n'a guère de sens?

Imhotep: Non, ils avaient des familles.

P.: Des familles, des enfants, des métiers, mais ils ne mouraient pas, cependant, parce que ce n'était pas de vrais corps comme les nôtres?

Imhotep: Effectivement.

P.: Donc, ils disparaissaient tout simplement?

Imhotep: Bien sûr. Ils connaissaient cette science pure, n'est-ce pas – matière et antimatière?

P.: Ah bon! Tout de même, ce sont les Atlantes spirituels qui ont transmis leur science et leur sagesse aux Égyptiens.

Imhotep: Bien sûr.

P.: Et ceux qui sont devenus négatifs ont continué de vivre en créant la zizanie dans le groupe?

Imhotep: C'est bien cela.

P.: Ensuite, les « bons » ont bâti le Sphinx, mais ils n'ont fait que dessiner les plans des pyramides sans les bâtir eux-mêmes, car c'était une forme originelle qui n'avait pas encore existé. Et ce sont les Égyptiens qui les ont bâties selon la méthode de la lévitation par le son concentré (pensée et vibration)?

Imhotep: Voilà.

P.: Et le Sphinx représente une forme hybride – tête d'homme sur corps de lion. Donc, fait par ceux qui savaient déjà créer des hybrides, mais cette fois-ci, c'était fait par les « bons » Atlantes et donc, à partir de ce moment, ces formes hybrides étaient utilisées positivement, par exemple dans ce qui s'appelle les *neters* (tête de faucon, de vache, de chacal, de scarabée, etc.). C'était récupéré sur le plan spirituel?

Imhotep: Bien sûr.

P.: C'est ainsi que la manipulation des hybrides était passée au plan positif. De négatif au début, ça s'était complètement transformé pour devenir complètement positif[84].

Imhotep: Voilà.

P.: Et ces êtres-là – les Atlantes positifs – ont été considérés par les écrits postérieurs comme des dieux. On disait que « les Égyptiens ont été précédés par des dieux ».

Imhotep: Effectivement.

P.: Des dieux dans le sens qu'ils n'étaient pas d'origine terrestre…

Imhotep: … et qu'ils étaient doués de pouvoirs inconnus chez les humains.

P.: Donc, ces gens avaient quitté l'Antarctique en bateau, au moment où ce continent est entré dans une période glaciaire, et ils ont émigré en Égypte ainsi qu'en Assyrie, en Inde?

Imhotep: C'est bien cela.

P.: Ces Atlantes avaient-ils un sexe?

Imhotaep: Oui, ils en ont pris un en venant sur terre.

P.: Ils avaient leurs enfants de la même façon que nous?

Imhotep: Bien sûr.

P.: Ah bon! Et vous, Imhotep, descendiez-vous des Atlantes ou étiez-vous vous-même un Atlante?

Imhotep: Je fus atlante.

P.: Ah! c'est donc ça! C'est donc ça! *(silence)* Et est-ce qu'on peut dire que les Atlantes ont inspiré les textes

---

84. Un des signes de cette transformation ou récupération se trouve dans les sculptures où, contrairement au Sphinx, c'est la tête qui est celle d'un animal, alors que le corps est humain.

védantiques les plus anciens et aussi les plus sages (*Rig-Veda, Purāna, Mahābhārata*)?

Imhotep: Bien sûr.

P.: Bon. Maintenant, revenons encore au Sphinx. Il était hybride (à tête humaine sur corps de lion) et la partie léonine est due au fait qu'au moment où il fut créé (vers −10 000), c'était l'âge du Lion dans le système astrologique.

Imhotep: Bien sûr.

P.: Et ça a été bâti par les Atlantes positifs et non par les négatifs?

Imhotep: Par des bons, cher ami.

P.: Maintenant, en ce qui regarde la civilisation égyptienne, on peut dire que des éléments de civilisation se sont manifestés plusieurs milliers d'années avant l'époque de Ménès (qui était vers −3000)? Même si la civilisation n'était pas encore consolidée, il y avait tout de même déjà des œuvres d'art fort avancées. C'est-à-dire que les Atlantes ont inspiré les habitants d'Égypte, mais ils s'y trouvaient déjà bien avant le début de l'âge pharaonique?

Imhotep: Les Égyptiens ont reçu, sache bien, des connaissances qui sont aussi restées imprégnées dans certains écrits.

P.: Parfait. Mais on peut dire que la science et la sagesse reçues par les Égyptiens étaient déjà précédées par certaines œuvres dues aux Atlantes telles que le Sphinx et d'autres créations − poteries, métaux, joaillerie d'une grande sophistication. Les Égyptiens représenteraient donc un héritage reçu et en quelque sorte restreint, car c'était beaucoup plus avancé chez les Atlantes, alors que les Égyptiens n'en ont reçu qu'une partie, ce qui fait que leur sagesse et leur science étaient déjà une forme réduite par rapport à celles des Atlantes?

Imhotep: Bien sûr.

P. : Bon. Ça précise les choses. Ensuite, abordons le thème de la fin d'un monde. Les Mayas et les Aztèques avaient prévu la prochaine fin pour l'an 2012. Certains savants actuels parlent de 2012-2015, et une clairvoyante de ma connaissance précise en affirmant que ce serait l'année 2011. Ce serait dans ces eaux-là ?

Imhotep : Bien sûr. Ce n'est pas la fin de ce monde, mais le début d'un nouveau monde.

P. : Ah bon ! Il faut mettre l'accent sur ce qui va surgir et non sur ce qui disparaît – comme dans le cas d'une épreuve ou de la mort ?

Imhotep : Bien sûr.

P. : D'ailleurs, le titre du livre que vous m'aidez à écrire parle justement du *Jour où la lumière reviendra.*

Imhotep : Et voilà. Et sache bien que je participe à tes écrits.

P. : Merci beaucoup, j'ai bien besoin d'être éclairé, car c'est pour moi un terrain nouveau.

Maintenant, le cas de Moïse : c'était un Égyptien et non un Sémite ?

Imhotep : Voilà.

P. : Il a fait un peu comme le pharaon Akhenaton (−1372 à −1354) : il a rejeté la religion officielle pour former sa propre religion monothéiste.

Imhotep : Effectivement.

P. : Sauf que Moïse arrive un peu après : −1290, au moment où les Juifs traversent le désert en quittant l'Égypte. Et Moïse, qui était très proche du pharaon, emporte avec lui beaucoup de connaissances secrètes qui seront intégrées dans la Kabbale juive.

Imhotep : Bien sûr.

P.: Même les soi-disant commandements de Dieu sont inspirés des textes de sagesse égyptienne que j'ai moi-même pris la peine de vérifier[85].

Imhotep: Effectivement.

P.: Bon. Maintenant: la nouvelle humanité. Ce sont des êtres qui vont survivre à la catastrophe finale. Ils seront déjà sur terre?

Imhotep: Bien sûr.

P.: Mais ils pourraient aussi être emportés sur un plan différent pendant la destruction, pour revenir sur terre après, comme cela s'est fait pour Manu chez les Indiens (comme le Noé des Hébreux)?

Imhotep: En effet.

P.: Et dans cette humanité nouvelle, qui est une sorte d'âge d'or, il n'y aurait pas d'agressivité, pas de carnivores, comme vous le disiez? Elle ne serait pas négative?

Imhotep: Ni négative ni destructrice.

P.: Tout le monde s'entendrait. Ce serait comme une sorte de réalisation universelle de fraternité?

Imhotep: Bien sûr.

P.: Donc, on y sera tous fidèles aux lois de la vie et de la nature. Il n'y aura pas de maladie, pas de guerre?

Imhotep: Effectivement, ce sera ainsi.

P.: Ce serait alors un paradis à l'égal de tout ce que les Atlantes (positifs) ont connu?

Imhotep: Voilà.

P.: Et en même temps – je vous pose la question –, pourquoi venir sur terre si c'est parfait?

---

85. Les textes suivants: L'enseignement pour Merikarê, Sagesse de Ptahhotep, Sagesse d'Aménémopé, Maximes d'Any.

Imhotep : Il y a beaucoup de choses à reprendre parfois, tu vois.

P. : Bien sûr. Et il peut aussi y avoir des conflits ou des frictions, même si ce ne sont pas des guerres ?

Imhotep : Voilà.

P. : Par exemple, on peut ne pas s'entendre sur certaines questions, sans qu'on en arrive à s'entredétruire.

Imhotep : Eh oui, voilà !

P. : Car toute créativité comporte une certaine forme de tension, d'opposition.

Imhotep : Bien sûr.

P. : Parfait. Maintenant, au sujet des livres que j'utilise. Je suis allé dans une libraire – vous y étiez avec moi –, et il y a tant de livres sur l'Égypte, tant de choses plus ou moins valables. J'en ai choisi trois, un de Christian Jacq – il a l'air assez solide –, je ne sais pas ce vous en pensez ?

Imhotep : Oh ! que si !

P. : Bon. Et un livre contenant des textes de sagesse présentés par Élisabeth Laffont, qui est pas mal, et finalement celui d'un Américain nommé Melkisedek (2e tome) qui fait un peu prétentieux : il se sert des connaissances tirées de l'Égypte uniquement pour rehausser et étayer ses propres théories, qui sont d'ailleurs fort compliquées et intellectuelles. Et je me disais que dans ce domaine, ce qui est compliqué a moins de chances d'être vrai.

Imhotep : Vous avez très bien cerné.

P. : Ah ! je suis content de le savoir. La plupart des livres sur ces questions donnent l'impression que les auteurs ne se sont pas transformés, qu'ils ne font que rester dans l'analyse intellectuelle.

Imhotep : Bien sûr.

P. : Et le livre de Rudolf Steiner sur les mémoires aka-shiques, il serait utile de le lire?

Imhotep : Et pourquoi pas? Il y a des données très inté-ressantes.

P. : Et voilà, c'est tout ce que je voulais savoir.

Imhotep : Bien! Eh! Tu as grandement travaillé. Et sache que tu as un bon radar intérieur.

P. : Ça s'en vient?

Imhotep : Ah! que si! Je t'aiderai avec joie; d'ailleurs, j'ai commencé avec toi.

P. : Merci beaucoup pour tout… Donc, vous allez m'ou-vrir le regard intérieur?

Imhotep : Bien sûr.

P. : Bon. Maintenant, une dernière chose. (Le médium est-il épuisé?)

Imhotep : Vous pouvez continuer.

P. : Eh bien, pourrais-je parler à un monsieur qui s'appe-lait sur terre Adolf Hitler?

(*silence*)

Adolf Hitler

Adolf (*ton dur et morne*) : Bien, je me fais présent.

P. : Vous êtes Adolf.

Adolf : Bien sûr.

P. : Eh bien, monsieur, j'aimerais vous poser quelques questions. Tout d'abord, comment avez-vous été reçu en entrant dans l'au-delà?

Adolf : J'ai été reçu en petites parcelles.

P. : Est-ce à dire que vous n'avez pas été bien reçu ?

Adolf : Disons que certains auxquels je faisais appel[86] sont venus à ma rencontre ; et bien sûr que d'autres, qui sont de vibrations différentes, s'objectaient à ce que je sois introduit dans leur énergie.

P. : Vous avez passé du temps seul dans les basses fréquences, qu'on appelait à l'époque l'enfer ?

Adolf : Bien sûr.

P. : Et quand avez-vous pris conscience du tort commis autour de vous ?

Adolf : Je ne le conçois pas encore comme un tort[87].

P. : Non ? C'était ce que vous deviez faire ?

Adolf : Je maintenais, tu vois, mes convictions qui étaient de refaire une race pure.

P. : Et vous êtes encore convaincu de la même chose ?

Adolf : Bien sûr. Et nous avons même fait des manipulations génétiques pour purifier la race[88].

P. : Ah bon ! Et vous pensez que la pureté vient de la race plutôt que de l'âme ?

Adolf : Bien sûr.

P. : Hé ! *(rire d'incrédulité)* Avez-vous vécu l'émotion de chaque personne que vous avez fait souffrir par vos tortures et vos fours crématoires ?

Adolf : Nullement[89].

---

86. Probablement dans les basses fréquences.
87. Cette âme n'est pas encore arrivée à accepter pleinement la responsabilité de ses actes.
88. Voir ce qui a été dit précédemment sur les manipulations génétiques des Atlantes « dévoyés ».
89. Une des choses que l'âme doit faire pour reconnaître ses torts et les réparer, c'est de revivre les peines infligées à partir des victimes elles-mêmes.

P. : Non ? Ça ne va pas bien, notre affaire ! (*en plaisantant*)

Adolf : Pas du tout[90]. (*très sérieux*)

P. : Pourquoi vouliez-vous détruire les Juifs ?

Adolf : Je les concevais (*appuyé*) comme une race impure.

P. : Et maintenant ?

Adolf : Maintenant, je conçois que… (*hésitation*) ça me laisse indifférent.

P. : Ça vous est complètement égal ?

Adolf : Voilà.

P. : Sur terre, étiez-vous habité par des entités négatives reliées à la secte de Thulé ?

Adolf : Bien sûr. Nous avions d'ailleurs formé une confrérie, par laquelle nous prenions contact avec ces entités.

P. : On disait en effet que lorsqu'on parlait avec vous en privé, vous étiez doux et gentil, mais que lors de vos discours publics pour défendre votre *Mein Kampf*…

Adolf : … Il fallait que je démontre…

P. : … vous étiez habité par une force qui n'était pas de vous.

Adolf : Effectivement.

P. : C'était celle des entités négatives.

Adolf : Bien sûr.

P. : Étiez-vous vraiment conscient du mal que vous faisiez ?

Adolf : Sache bien que j'ai été mis en accord pour le faire, car on m'avait promis le pouvoir, on m'avait promis que je pourrais posséder le monde !

---

90. Il est remarquable que ceux qui se trouvent dans les basses fréquences ne manifestent aucun humour ni aucune tendresse, beaucoup d'orgueil et un grand entêtement.

P. : Vous avez joué le rôle de Faust, en fait[91] ?

Adolf : Voilà. Ils m'ont nourri dans cette conviction.

P. : Oui, sûrement, mais vous aviez accepté de le faire.

Adolf : Bien sûr.

P. : Vous l'aviez même demandé ?

Adolf : Effectivement.

P. : Alors, maintenant, quelle leçon tirez-vous de votre existence terrestre en tant qu'Adolf Hitler ?

Adolf (*longue hésitation*) : Je me remets encore en question.

P. : Ah ! mais c'est courageux, ça ! Par conséquent, vous commencez à progresser ?

Adolf : J'expérimente encore.

P. : Bon. Faut pas aller trop vite tout de même ?

Adolf : Voilà. Bien sûr. (*toujours sérieux*)

P. : Comment avez-vous décidé de réparer les torts commis ?

Adolf : Entre autres, en revenant sur le même continent.

P. : C'est ça. Vous êtes en Europe, n'est-ce pas ?

Adolf : Bien sûr, en Allemagne[92].

---

91. Le vieux Faust (selon Goethe) avait vendu son âme aux esprits négatifs pour recevoir en retour tous les pouvoirs en plus de la jeunesse. C'est du reste dans cette œuvre que l'on retrouve la confrérie de Thulé.
92. Comme on l'a vu dans un dialogue avec Lucien Hardy, l'âme est essentiellement en dehors du temps (et donc du corps), alors qu'une dimension seulement est incarnée, présente à la matière et au monde. L'âme est branchée à la fois sur le monde invisible et le monde visible. C'est pourquoi on peut parler à l'âme même lorsqu'elle s'est incarnée. Dans ce cas, la dimension de l'âme à laquelle on s'adresse est celle qui se trouve dans l'invisible, comme dans le sommeil profond.

P. : Et vous faites quel travail présentement?

Adolf : Sache bien que j'interviens pour aider les gens.

P. : Mais monsieur, c'est bien ce que vous faites là!

Adolf : Bien sûr.

P. : Vous renversez la vapeur, en somme?

Adolf : J'essaie.

P. : Bon. Lors de votre vie comme Adolf Hitler, aviez-vous une certaine conscience du divin?

Adolf : Nullement, cher ami.

P. : Mais ne saviez-vous pas que même le suicide ne vous libérerait pas de votre responsabilité?

Adolf : Bien sûr – mais j'étais envahi par une grande déception[93].

P. : Et vous étiez sous l'influence de ces entités qui vous habitaient?

Adolf : Bien sûr.

P. : Dans la vie qui a précédé celle où vous étiez Adolf Hitler, qui étiez-vous, quelqu'un d'important ou le contraire?

Adolf : Le contraire, cher ami.

P. : Vous sentiez donc le besoin de connaître le pouvoir?

Adolf : Et voilà!

P. : Bien, merci beaucoup, monsieur. C'est très éclairant et on vous souhaite bon voyage.

Adolf : Bien, à vous aussi. Mes salutations[94].

---

93. Celle sans doute de n'être pas devenu, comme promis, le maître du monde.

94. Curieusement, à la fin de cette entrevue, j'éprouvais une certaine sympa-thie pour le personnage, j'avais même le goût de l'encourager, de prier pour lui. Ce que d'ailleurs je fais depuis: je lui envoie des énergies de lumière et de compassion. Je me rappelle la phrase écrite par un étudiant

François d'Assise

François: Eh bien, nous sommes revenus.

P.: Vous connaissiez sans doute M. Adolf Hitler?

François: Bien sûr.

P.: Est-il dans le cercle de vos amis?

François: Pas tout à fait. (*rires*)

P.: Eh bien, maintenant, j'aimerais parler à une femme juive qui est morte brûlée à Auschwitz. Elle s'appelle Etty. Etty Hillesum.

(*un long moment*)

Etty Hillesum (1914-1943)

Etty: Avec joie je manifeste ma présence.

Tous: Bonjour, madame Etty. Ça va bien?

Etty: Bien sûr.

P.: J'ai lu vos écrits plusieurs fois et j'en ai beaucoup parlé. Michel les connaît également.

Etty: Bien.

P.: Comment se fait-il que les Juifs ne parlent jamais de vous – alors qu'ils citent toujours Anne Frank?

---

sur un mur de l'université de Berkeley: «Je suis à la fois Hitler et les Juifs!» Et n'oublions pas que tous – même Hitler et ses semblables – vont un jour entrer dans la lumière, ce n'est qu'une question de temps. Et comme le temps n'existe pas dans l'au-delà, la Source de tout amour est toujours là qui nous attend et nous attire. (Pour une idée plus complète de ces questions, je renvoie le lecteur à mon ouvrage, *Le pays d'après: dialogues dans la lumière* (Éditions Quebecor, 2003).

Etty (*silence*) : Sache, entre autres, qu'il leur arrive parfois de mettre des résistances…

P. : Oui.

Etty : … de ne pas vouloir partager lorsqu'on leur présente certaines ouvertures. Ils résistent beaucoup, car ils ne veulent point que la vérité resurgisse.

P. : Oui, c'est ça. Je vous remercie quand même pour les merveilleux textes que vous nous avez fait connaître.

Etty : Bien.

P. : C'est d'une force et d'une pureté extraordinaires ! Vous ne manifestez aucune haine pour le peuple allemand, que vous voyez comme un instrument de votre purification en tant que peuple juif.

Etty : Bien sûr, bien sûr.

P. : Pourquoi les Juifs ne comprennent-ils pas que ce qui les empêche de se libérer, c'est leur arrogance de se croire le peuple choisi au-dessus de tous les autres ?

Etty : Tu es témoin que depuis des millénaires, ils engendrent par cette attitude beaucoup d'animosité, de conflits avec d'autres races.

P. : Oui. Ne croyez-vous pas justement que l'Holocauste leur était donné précisément pour qu'ils reconnaissent que, pas plus que d'autres peuples, ils ne sont favorisés par Dieu, mais qu'ils devaient par cette expérience réapprendre à trouver leur place dans la fraternité universelle ?

Etty : Exactement. C'était le but, de s'éveiller à cette conscience.

P. : C'était un choc épouvantable, mais il avait été provoqué par leur arrogance et leur intolérance vis-à-vis des autres peuples.

Etty : En effet, cela leur nuit énormément.

P. : Mais ils continuent d'agir et de penser comme avant. Et même davantage, depuis que le président Bush s'est mis de leur côté. Dans quel but une âme pourrait-elle s'incarner comme Juif ou comme Juive ?

Etty : Dans le même but que j'ai présenté dans ce livre (*son journal intitulé* Une vie bouleversée, *publié aux Éditions du Seuil*).

P. : C'est ça. Est-ce qu'il y en a beaucoup chez les Juifs qui vont écrire ce genre de choses qui leur permettraient de se reconnaître ?

Etty : Bien sûr qu'il y a quand même des messages qui passent.

P. : Bon. Les Juifs vont-ils finir par comprendre ?

Etty : Sache bien que nous le souhaitons ardemment. S'ils continuent de résister ainsi, ils vont se détruire par eux-mêmes.

P. : C'est bien cela. Etty, va-t-on vivre un jour dans un monde libéré de la religion organisée ?

Etty : Cela viendra et à partir de là, il n'y aura plus de guerres.

P. : Ce sera dans la nouvelle humanité.

Etty : Voilà.

P. : Que faut-il dire aux humains, maintenant qu'ils sont devenus de plus en plus violents ?

Etty : Sache bien qu'à travers certains de tes écrits, il y a un message qui passe. Mais tu vois : certains s'y arrêtent et d'autres le refusent.

P. : On ne peut changer ça.

Etty : Voilà.

P. : Et maintenant, pourrait-on savoir, madame, quel travail vous faites de l'autre côté ?

Etty: Eh bien je participe, tu vois, à élargir, à éveiller les consciences de certaines âmes pour qu'elles puissent retrouver la paix avec elles-mêmes et avec ce qu'elles ont choisi comme expérience, et aussi pour leur montrer que le but de l'âme était de ne plus revenir.

P.: Travaillez-vous particulièrement auprès des Juifs?

Etty: Entre autres, aussi, bien sûr.

P.: Allez-vous revenir sur terre?

Etty: C'est déjà dans les plans, bien sûr.

P.: Ce serait dans cette nouvelle humanité qui va suivre?

Etty: Effectivement.

P.: Parce que d'ici ce temps-là, vous pouvez œuvrer à partir de l'autre côté?

Etty: Bien sûr.

P.: Bon, c'est ce que j'avais à vous demander, Etty. Je vous remercie beaucoup pour tout ce que vous nous avez donné.

Etty: Ça fait grandement plaisir.

Michel: Madame Etty, est-ce que vos jasmins et leur parfum vous réjouissent toujours?

Etty: Bien sûr. Tout mon jardin est rempli.

Michel: Ah! vous avez tout votre jardin avec vous?

Etty: Bien sûr!

P.: Madame Etty, quand on meurt comme vous l'avez fait (*dans une chambre à gaz*), est-ce qu'on souffre beaucoup?

Etty: Sache bien que lorsque l'âme quitte la forme (*le corps*), elle est témoin de ce qui se passe mais ne souffre point.

P.: Donc, elle quitte avant que le pire se produise?

Etty: Effectivement.

P. : Est-ce qu'il est arrivé la même chose à tous ceux qui mouraient avec vous ?

Etty : Bien sûr. Il y avait la présence des anges aussi, qui veillaient sur les âmes.

P. : Ce serait bien si tout ça était connu et qu'on ne voie pas dans ces événements que de la mort et de la souffrance.

Etty : Bien sûr.

P. : J'en parlerai dans ce livre que je prépare.

Etty : Je guiderai votre main, cher ami.

P. : Merci beaucoup, Etty.

Michel : Merci, madame Etty !

(*salutations d'usage*)

ONZIÈME RENCONTRE
(7 novembre 2004)

Participants :
Placide, Michel et des invités

Contacts dans l'au-delà :
François d'Assise, Imhotep, ma famille

(La médium entre en transe ; après la venue de François d'Assise, qui apparaît toujours le premier, c'est Imhotep qui a été appelé.)

Imhotep

Imhotep : Bien, bien, très heureux de re-venir...

Tous (rires) : Bonjour, Imhotep.

Imhotep : ... à cette rencontre, n'est-ce pas !

P. : Aujourd'hui, je n'ai que quelques questions à vous poser, touchant ce dont on a déjà discuté.

Imhotep : Très bien.

P. : Première question. Vous aviez dit que les Atlantes déjà venus ou présents et à venir pourraient être reconnaissables, mais pas nécessairement par des signes tels que les cheveux blonds, les yeux bleus ou des auriculaires diminués ?

Imhotep : Il y a certains d'entre eux qui peuvent se manifester de cette façon, mais vous saurez reconnaître le signe, n'est-ce pas, lorsque vous amorcerez une transformation sur votre planète Terre et que, pour certains qui participeront à cette transformation, il arrivera qu'à leur tour des Atlantes prendront place dans ce que vous appelez vos gouvernements.

P. : Ah bon ! Dans ce cas, il s'agirait plutôt des Atlantes qui ont suivi la voie positive ?

Imhotep : Effectivement. Car l'objectif, voyez-vous, comme il a été maintes fois précisé, est que sur votre plan vous trouviez un certain paradis – l'harmonie[95].

P. : Et ça va se produire avec l'arrivée de gens comme vous – les Atlantes demeurés fidèles à la Source de toute vie…

Imhotep : Bien sûr, nous en sommes des participants.

P. : … ainsi qu'à travers des gens purement humains, mais qui auront été transformés par la grande purification ?

Imhotep : C'est cela, en effet.

P. : Bien. Comme deuxième question, nous changeons un peu de contexte. La réélection du président Bush n'est-elle pas le signal de cette fin qui, en même temps, annonce justement cette nouvelle humanité…

Imhotep : Effectivement.

---

95. L'harmonie était la base de toute l'ancienne Égypte : harmonie entre ciel et terre, entre dirigeants et dirigés, entre l'homme et les animaux, la nature, etc.

P.: ... et n'est-ce pas un choix de la part du peuple américain de suivre son président sur la voie négative, qu'avaient pratiquée les Atlantes « dévoyés » ?

Imhotep: Sachez bien ceci, cher ami : ce qui fut propagé, c'est la peur. Certains, voyez, se sont laissé contaminer par la peur. C'est un enjeu, une stratégie – le chef savait bien comment s'y prendre.

P.: Oui, bien sûr.

Imhotep: Mais sachez bien que ce peuple arrivera par son propre élan à sa destruction.

P.: La voie négative est sans issue. [...] Dernière question. Dans cette humanité future, il n'y aurait ni maladie ni guerre. Ce serait donc surtout les grandes âmes de maintenant qui reviendraient commencer ce nouveau monde. Mais tous ces êtres criminels qui existent maintenant sur terre, où et comment vont-ils réparer tout le tort qu'ils auront fait – en revenant dans ce paradis-là ?

Imhotep: La façon dont ils répareront est de se nourrir dans le bien, de s'alimenter d'une nouvelle conscience.

P.: Ils vont réparer en étant entourés d'amour, en acceptant d'être aimés, plutôt qu'en connaissant des difficultés.

Imhotep: En effet.

P.: Tout serait donc transformé par ce climat pur et positif ?

Imhotep: Et vous êtes témoin, n'est-ce pas, mes amis, que vous êtes en voie de grande transformation, et que vous vous introduisez dans une autre dimension ?

P.: Oui, il y a certainement quelque chose qui se passe à travers certains individus.

Imhotep: Et même votre planète comme telle se transforme elle aussi avec vous.

P. : Oui, j'ai même en tête plusieurs Américains qui œuvrent dans les domaines de la conscience et de la spiritualité. Je pense que ces gens-là feront partie de ce monde nouveau et ne subiront pas le sort de la masse qui ne veut pas comprendre.

Imhotep : Bien sûr.

P. : Voilà, cher Imhotep, ce sont les questions qui compléteront les recherches que je poursuis.

Imhotep : Bien, c'est une joie de partager avec vous. Et je vous confirme ceci : que je participe à vos écritures, et je vous observe, cher ami, et combien je vous ressens fasciné de tout découvrir, vous ne voulez plus vous arrêter ! (*rires*)

P. : Et ça va être ainsi jusqu'au résultat final !

Imhotep : Voilà.

P. : Alors, je vous remercie de votre présence…

Imhotep : Donc, voyez que je me nourris aussi de votre grande fascination.

P. : Bien oui. Il y a un échange d'énergies.

Imhotep : Nous sommes liés, bien sûr. Et je vous aide et vous situe sur des pistes importantes. Mes salutations, et continuez vos recherches. Vous trouverez d'autres clés qui compléteront ce que vous savez déjà !

(*salutations d'usage*)

Jeanne, ma sœur aînée

Jeanne : Ah ! bien, salut, le p'tit frère !

P. : Ça va bien pour toi, Jeanne ?

Jeanne : Ah oui ! ça va bien.

P. : Alors, tu ne souffres plus ?

Jeanne: C'est en plein comme tu le dis. Ah! si tu savais, si tu savais: on ne souffre plus de ce mal d'amour, c'est merveilleux. C'est une maladie qui a tellement duré[96].

P.: Bien oui... Tu visites beaucoup tes enfants?

Jeanne: Je suis présente auprès d'eux, bien sûr.

P.: Ils ont été bien bons pour toi sur terre...

Jeanne: Ah oui! et j'en suis tellement reconnaissante, tu vois. Je les protège et on me permet même d'être près d'eux pour les aider.

P.: Et tu es avec notre famille, de l'autre côté?

Jeanne: Oh oui!

P.: Tu as vécu une vie si généreuse, si dévouée et si pleine d'amour!

Jeanne: J'en suis comblée maintenant.

P.: Eh bien, merci beaucoup de ta bonté continuelle.

Jeanne: Mon petit frère, je t'embrasse très fort. Et n'oublie pas: je t'aime, je t'aime, je t'aime! Et tu vois, j'ai pas hâte de partir, je veux encore te dire que quand tu joues du piano, c'est tellement beau, je suis à côté de toi. Je suis assise sur le banc.

P.: Oui, il y a toujours une place libre. (*rires*)

Jeanne: C'est pour ça que je te le dis.

P.: Merci encore, Jeanne.

Jeanne: Je t'embrasse.

Tous: Au revoir, Jeanne!

---

96. Après que son mari l'eut abandonnée avec ses neuf enfants, elle n'a vécu que des peines d'amour jusqu'à 85 ans.

Norbert, mon frère

Norbert: Eh! Salut, Placide!

P.: Bonjour, Norbert.

Norbert: Ah! je suis content de pouvoir te parler.

P.: Ça va bien?

Norbert: Oui. On est tous ensemble, tu vois.

P.: Quand tu es arrivé sur l'autre plan, tu as dû passer quelque temps à l'hôpital?

Norbert: Ouais, et j'étais perdu, tu sais. J'savais plus où j'allais.

P.: J'imagine. Mais ça va beaucoup mieux, maintenant?

Norbert: Tu sais pourquoi ça va mieux? C'est que je suis nourri de tellement d'amour.

P.: Ah! que c'est beau! Et tu t'occupes de ta famille sur terre?

Norbert: Ah oui! Et tu sais, je rayonne, maintenant.

P.: Tu rayonnes. Et tu as retrouvé papa?

Norbert: Oui.

P.: Vous vous êtes réconciliés?

Norbert: Oui[97].

P.: Parce que sur terre, c'était le conflit total.

Norbert: Ah! c'était pas évident. Je lui en voulais beaucoup. Il avait le don de nous écraser tout le temps. (*rires*) On était petits, mais à force de nous taper dessus, il nous rapetissait

---

97. Norbert était un artiste musicien doué de dons de raconteur et plein d'humour; mais cela ne convenait pas au fermier que mon père voulait en faire, et il a traité son fils avec mépris en le décriant devant les autres. Même son mariage n'a pas été une réussite: c'était le mouton noir de la famille.

encore plus. (*rires*) Il n'était pas toujours gentil : il nous a brassés un peu raide.

P. : C'est certain.

Norbert : Oh ! Mais il a changé, si tu savais. Il a changé beaucoup.

P. : Oui, je sais, je lui ai parlé.

Norbert : Mais je peux te dire qu'il y a eu un passage où il était nourri de remords, si tu savais !

P. : Oui, il me l'a décrit pendant 10 minutes, regrettant sa conduite à mon égard et vis-à-vis des autres.

Norbert : Mais tu vois, en l'entourant d'amour, nous l'avons aidé beaucoup à se défaire de cette culpabilité[98].

P. : Je suis content de l'entendre. Norbert, est-ce que tu t'es remis à jouer du violon et même de la guitare comme tu le faisais dans ta jeunesse, en chantant *To each his own* ?

Norbert : Bien oui ! (*rires*)

P. : Alors, une dernière fois, je te salue et te remercie de ta chaleur.

Norbert : D'accord, et salut les amis !

Tous : Merci, Norbert !

Gérard, mon frère aîné

Gérard : Eh ben, salut, le p'tit frère !

P. : Gérard, ça va bien ?

Gérard : Oh oui ! On fait la fête, nous, tu sais.

P. : J'imagine.

Gérard : On s'est tous retrouvés.

---

98. Norbert a pardonné, il a même aidé son père à se pardonner !

P. : Bien oui, avec oncle Olivier et tous les autres ?

Gérard : On est tous ensemble.

P. : Et tu bricoles toujours[99] ?

Gérard : Ah ! je n'ai pas changé. Je suis toujours très occupé. Tu sais ce qu'il y a de merveilleux sur le plan de lumière ? Tout est créé spontanément, tu vois.

P. : Par la pensée.

Gérard : Alors, ça te tient occupé dans ce que tu aimes faire.

P. : Tu travailles avec Gabriel, qui était très habile de ses mains, ainsi qu'avec papa ?

Gérard : Oui, on est ensemble. Et je peux confirmer ce que tu viens d'entendre : je te dis que le père a changé.

(*rires*)

P. : Tant mieux ! Quelle bonne nouvelle !

Gérard : Tu pourrais même pas le reconnaître.

P. : Bien oui ! Dis-moi, Gérard, quand le nouveau monde va venir, avez-vous tous l'intention de revenir sur terre ?

Gérard : Ah ! bien sûr ! Oh ! mais on n'est pas pressés, remarque bien. (*rires*)

P. : Vous êtes bien là où vous êtes, et pourquoi revenir, hein ?

Gérard : Oui, c'est sûr.

P. : En tout cas, merci pour ton amitié sur terre, tu as toujours été très aimable et compréhensif à mon égard.

Gérard : Je t'embrasse très fort.

P. : Et mes salutations à tout le monde !

---

99. Gérard était extrêmement habile dans tout ce qui était physique ou mécanique. Il fabriquait des engins à vapeur, des violons, et il a gagné sa vie comme excellent garagiste et menuisier.

Gérard : Et choisis d'être heureux, mon p'tit frère. D'accord? N'oublie pas que c'est important d'être heureux. OK[100]!

P. : Oui, sûrement, Gérard. Merci!

Gérard : *Bye*[101]!

---

100. Lorsque ses deux enfants avaient respectivement deux ans et un an, sa femme l'a quitté, abandonnant du même coup ses petits. Comme il refusait de divorcer (c'était en 1940), il quêtait la tendresse d'autres femmes, pour la plupart mariées, passant à côté du bonheur.

101. Il a toujours vécu en milieu anglophone.

Douzième rencontre
(17 novembre 2004)

Participants :
Placide, Michel et un invité, Luc

Contacts dans l'au-delà :
Le père de Luc, François d'Assise, Imhotep

(La session de clairvoyance terminée, la médium est entrée en transe, remplacée par la présence de François, qui répond aux questions de Luc.)

François : Ami Luc, vous voulez parler à votre père ?

Luc : Oui, il est décédé il y a quelques années. J'aimerais savoir si mon père aurait quelque chose à me dire par rapport à un secret de famille, parce que les événements de cette vie sont reliés à des trahisons passées. Ma mère encore avec nous ne veut pas m'en parler. Il y aurait sûrement des choses importantes à connaître pour mon cheminement spirituel.

François : Donnez le prénom de votre père.

Luc : Lester.

(silence)

Lester *:* Salut, Luc! Je suis content de pouvoir te parler. Je suis rempli de regret et de remords. Je n'ai pas toujours été fidèle, tu vois – même envers vous, mes enfants. On a eu à se confronter… Qu'ai-je à dire de tout cela? Qu'ai-je à en faire? Je n'y peux rien changer, tu vois. Bien sûr que je regrette mais, tu vois, je ne portais pas à terre, je cherchais toujours à me dépasser. J'ai gardé une attitude, une image qui n'était pas moi. Je voulais passer au-dessus de tout le monde. Il ne fallait surtout pas me contrarier – je ne le prenais pas. Tu vois, j'ai la vision complète de tout cela, même des combats qui ont eu lieu entre nous. J'observe en toi tous les efforts que tu mets à te libérer de ces mémoires. Moi, j'ai toujours maintenu mes attitudes, je n'ai pas changé. Je voulais toujours avoir la première place[102]. J'ai toujours voulu projeter une image telle que les autres puissent me percevoir fort et puissant. À cause de ça, vois-tu, j'ai semé le désordre, car c'était simplement moi qui mentais. En t'observant dans cette transformation que tu vis, j'apprends beaucoup. Il y a en moi encore des résistances, bien sûr, mais j'apprends et je prends conscience, tu vois. Je suis même encore trop orgueilleux pour te demander pardon[103]! Mais il y a quand même du regret qui s'imprègne.

Je suis toujours placé en évidence devant les faits. Et tu vois, je tourne encore en rond! Mais j'apprends, un peu à la fois. Je suis conscient de mes résistances. Je sais que je dois briser les chaînes[104]. Toutes ces chaînes que j'ai maintenues sur terre. Et toi, tu es là devant moi.

---

102. Et, par conséquent, il la veut toujours… Ce père reconnaît ses torts, mais il ne semble pas vouloir vraiment en sortir, puisqu'il y revient constamment au lieu d'essayer de se pardonner.
103. Voilà qui résume son attitude.
104. Ce père dans l'au-delà nous rappelle tous ces gens qui, sur terre, analysent leurs traumatismes ou se font analyser par un thérapeute quelconque: tôt ou tard, ils se rendent compte que l'analyse ne guérit pas et

Luc : Merci de ta réponse, papa, merci beaucoup. Je t'aime.

Lester : Bien. Je me laisse imprégner de cette résonance, de cette vibration d'amour. Salut, mon fils !

(François *revient.*)

P. : François, j'aimerais parler maintenant à Imhotep.

François : Un instant, il est tout près, il t'attend.

Imhotep

Imhotep : Avec plaisir je manifeste ma présence.

P. : Bonjour, ami Imhotep ! Aujourd'hui, je n'ai que quelques points à clarifier.

Imhotep : Des réajustements, n'est-ce pas, aux réponses déjà reçues ?

P. : Oui. C'est encore au sujet des Atlantes. Ceux qui étaient matérialistes sont-ils restés avec les Atlantes spirituels, ou ont-ils quitté l'Égypte juste avant qu'apparaissent les pharaons ?

Imhotep : Certains parmi eux sont partis, d'autres sont restés.

---

et qu'il faudra arriver à se pardonner, à s'aimer – un grand pas, mais le seul qui compte vraiment –, qu'on ne peut faire que seul. L'analyse se fait par la tête, qui juge et divise, alors que c'est le cœur seul – l'accueil et le pardon – qui guérit. Cette incapacité à se pardonner est un blocage que l'on retrouve chez les âmes qui sont dans les « basses fréquences » – l'enfer traditionnel. Elles passent par plusieurs étapes, tout d'abord en niant tout et en blâmant les autres de leur malheur, ensuite, elles s'en voudront lorsque la réalité de leurs actes leur sautera aux yeux, pour enfin arriver à dire oui et à entrer dans la lumière…

P.: Mais en étant des agents négatifs, cela ne signifiait donc pas qu'ils perdaient leurs pouvoirs?

Imhotep: Nullement.

P.: Seulement, ils les utilisaient à mal.

Imhotep: Oui, c'est déplorable.

P.: Les Atlantes matérialistes sont donc demeurés avec les autres, mais alors comment l'influence de ceux qui étaient demeurés fidèles a-t-elle pu surmonter celle des premiers?

Imhotep: Sachez bien que ceux qui sont demeurés fidèles se sont formés en un clan, car ayant été évincés par les agents négatifs, ils expérimentaient sur d'autres plans: ils ont commencé à agir à partir du plan invisible.

P.: Ah bon! Ensuite, il y a la question de la momification. Pourquoi momifier les corps?

Imhotep: Selon les croyances d'alors, ils retournaient au dieu.

P.: Mais pourquoi avec un corps, alors qu'ils savaient très bien que c'est par l'âme qu'on est éternel?

Imhotep: Ceci est en rapport avec des rituels, vous voyez bien: il fallait conserver le corps.

P.: Mais pourquoi?

Imhotep: C'est un rituel rattaché à l'idée qu'il fallait remettre au dieu ce qui lui appartenait.

P.: Alors, oui, ça a du sens. Ils n'auraient pas été d'accord avec le fait de brûler ou d'enterrer le corps comme on le fait?

Imhotep: Voilà.

P.: Eh bien, merci, maître Imhotep, merci pour tout.

(salutations d'usage par François)

TREIZIÈME RENCONTRE
(15 décembre 2004)

Participants :
Placide, Michel et un invité, Paul

Contacts dans l'au-delà :
Le père de Paul, François d'Assise

(Paul est seul avec François d'Assise.)

Paul : Mon papa, je ne l'ai pas assez connu. Il était marié avant de rencontrer ma mère, il avait eu quatre belles filles, dont la mère est décédée à 28 ans. C'était son grand amour et ça a été pour lui une grande déception. Et plus tard, il a rencontré ma mère ; ils ont eu quatre enfants, dont moi, le dernier. Je ne l'ai jamais assez connu et j'ai entendu toutes sortes de choses sur lui, contre lui. Je me suis posé bien des questions et j'ai été bien inquiet à son sujet. Apparemment, c'était un homme qui aurait dépensé ses sous dans le jeu, ce qui nous a maintenus dans la pauvreté et les déménagements successifs (17 fois). J'aimerais ça lui parler. Je l'aime, mon père, je l'ai toujours aimé et je l'aimerai toujours.

François d'Assise : Donnez son prénom, cher ami.

Paul: Théodore.

François: Un instant, d'accord? Un instant.

(silence)

Théodore*: Ahhh! Bien, salut! Eh! Je suis content de pouvoir te parler. Je peux te dire, hein, que je cherchais toujours à m'évader, dans le but de produire des résultats pouvant améliorer les choses. T'as bien raison – je n'avais pas la bonne manière. Mais tu vois, ce qui me maintenait dans ces manies, comme on peut bien dire, c'était l'espoir: j'espérais tout le temps que, tout d'un coup, je décrocherais la fortune. Mais mon ambition était mal placée. T'as raison de penser que c'était déplorable, parce que vous en subissiez les conséquences. Mais, tu vois, malgré cela, j'espérais encore. Ici, j'ai eu toute la vision complète, comme dans un film, de la façon dont j'ai choisi de vivre mes expériences. Je peux te dire une chose: toi, tu l'as comprise, la vraie recette, c'est pour ça que tu réussissais – t'avais la manière de t'y prendre, et tu m'as prouvé qu'on pouvait faire l'inverse de ce que je faisais, qu'on pouvait faire fructifier les choses. Tu vois, tu m'as dépassé dans ça. T'as su comment relever le défi. Moi, j'ai tourné en rond tout le temps. Je peux te dire une chose: je t'observe grandement, tu sais, et je t'admire et j'apprends à travers toi. Tu me fais grandir et tu sais comment?… C'est que je capte l'énergie de ton âme, je capte sa vibration. Et ce qui fait que t'as réussi, ce sont tes intentions pures, ton intégrité. La plupart ont eu confiance en toi, parce qu'ils savaient qu'avec toi ils ne seraient jamais trompés. Moi, des fois, je mentais, je pouvais dire n'importe quoi pour essayer de me prouver que je pouvais tout transformer, mais c'était la catastrophe chaque fois. C'est sûr que certains ont gardé de moi une mauvaise image. Mais, dans mon âme, je vis le regret de tout cela. Et ce qui m'encourage, tu vois, c'est qu'on a toujours l'occasion de se reprendre, puisque la vie est infinie! Et je suis content que tu ne nourrisses pas de colère à mon égard, que tu ne m'en veuilles pas.

Tu vois, c'est comme si tu me donnais une tape sur l'épaule, comme si tu disais : « C'est bien, maintenant que t'as tout compris, tu peux continuer à avancer. » C'est ce que tu me donnes, tu vois, comme tu l'as donné à plusieurs. Je t'admire… Je vais te confier un secret, aussi : Paul, bien des fois, je t'ai protégé de certains qui voulaient te tromper…

(François d'Assise *reprend place.*)

François : Cher ami, cher ami, nous sommes revenus. Écoutez bien ceci. Vous pouvez tourner cette machine à mémoire, cette cassette. (*silence*) Avez-vous besoin d'aide ?

Paul : Peut-être[105].

François : Nous allons vous aider.

Paul (hésitant) : Bien, je vous laisse m'aider, parce que je…

François : L'avant-dernier bouton.

Paul : Ici ?

François : Voilà.

Paul : Ici.

François : L'autre. Par la droite, vous voyez, toujours à droite.

Paul : Ah !

François : Vous allez tourner la cassette.

---

105. Comme Paul est seul avec François (la médium est inconsciente), il devra normalement s'occuper du magnétophone. Mais, à l'époque de sa vie active – dès les années 1950 –, ces machines n'existaient guère. Aussi est-ce François qui, malgré le fait qu'il soit dans le monde de l'esprit, doit donner des instructions pratiques sur la façon de retourner la cassette. C'est là un phénomène tout à fait remarquable, qui montre clairement que les esprits sont conscients de tout ce qui se passe et comprennent comment fonctionne le monde matériel, du fait qu'ils y voient tout, qu'ils en sont complètement libérés et qu'ils ont accès à toutes les connaissances.

Paul : Tourner la cassette ?

François : Oui.

Paul : Et après ?

François : Vous devez l'insérer puis fermer, et ensuite presser ensemble les deux derniers boutons à gauche.

Paul : Comme ça ?

François : Voilà. Ça va, maintenant ?

Paul : Oui.

François : Bien (*avec insistance*) ! Vous voyez que nous collaborons avec vous.

Paul : C'est merveilleux.

François : Oui, c'est merveilleux, n'est-ce pas ?

[…]

Paul : François, je cherche sur le plan spirituel. J'ai entendu dire que Jésus n'avait jamais existé.

François : Voyez, ce Jésus est venu expérimenter sur le plan terrestre, il est venu apporter son message.

Paul : Sa doctrine.

François : Et voyez qu'elle se propage encore même à votre époque ? Celle de vous aimer en tant que frères et sœurs de lumière, de vous aimer pour ce que vous êtes.

Paul : Et on m'a répété qu'il n'a jamais eu l'idée de fonder une Église ?

François : Ce sont les hommes qui ont fondé les religions. Ce sont les hommes – eux qui même encore sont sous l'emprise du pouvoir et du contrôle. Cher ami, il n'y a aucun rapport entre Jésus et l'Église.

Paul : C'est ce que je voulais entendre.

François : Vous cernez bien ?

Paul : Oui, et ça me fait beaucoup de bien.

François : Il est déplorable que cela ait par la suite engendré les guerres de religion.

Paul : Oui, je viens de relire l'histoire de l'Église.

François : Vous voyez les séquelles de leurs erreurs. C'est déplorable.

Paul : L'Inquisition me glace encore. Aussitôt que je vois une injustice, je l'associe à ça.

François : Effectivement. Et vous avez très bien compris.

Paul : Ce n'est pas facile pour moi qui ai passé ma vie dans l'Église – pas facile pour moi de tout lâcher d'un seul coup. Mon idée est faite sur l'Église. Mais ce n'est pas facile. Prenez, par exemple, après la mort de Jean-Paul I, qui fut éliminé par un meurtre, le nouveau pape Jean-Paul II n'a absolument rien fait pour nettoyer l'Église sur le plan financier et sur son côté mafieux. Et comment se fait-il qu'il se soit identifié à ce point à l'Opus Dei, qui est la franc-maçonnerie vaticane, allant jusqu'à canoniser son fondateur, Balaguer ?

François : Voyez que dans ce cercle, il y a des pratiques, des contacts et des pouvoirs, tout cela en vue justement de maintenir le contrôle. Ils ont complètement dérogé à l'enseignement de Jésus – aimer ses frères et sœurs de lumière, s'aimer tel qu'on est.

Paul : Le gâchis créé par les hommes d'Église depuis des siècles ne durera pas longtemps d'après ce que vous m'avez dit – ce serait une question d'années, 10 au plus. Pouvez-vous m'en dire davantage ?

François : Bien sûr. Cette structure s'effondrera. Tout ce qui est maintenant perturbé sur la planète va provoquer un nettoyage nécessaire. Il s'agit d'une purification. L'Église sera détruite par le feu, comme elle a détruit des êtres par le feu. Ses colonnes s'effondreront et disparaîtront. Ceux qui furent victimes de l'Église se réincarneront et feront partie du monde renouvelé. C'est leur souffrance qui leur ont ouvert les yeux.

Paul: J'ai une autre question.

François: Bien.

Paul: Aujourd'hui, je ne crois plus à l'Église, mais je crois en Jésus, à sa doctrine, oui. Ai-je raison?

François: Vous avez entièrement raison. Concevez bien ceci: à travers toutes vos expériences de cette vie et des précédentes, l'objectif de votre âme est de s'éveiller à ce qu'elle est vraiment – vous êtes amour, vous êtes divin, vous êtes créateur illimité de vous-même. C'est pour ça que l'âme vient vivre des expériences multiples afin d'atteindre cette conscience. C'est là la vérité tant recherchée. Il est déplorable que ceux qui ont été mis en position de pouvoir vous aient détourné de cette vérité, et vous avez été témoin non seulement dans cette vie, mais avant, de la destruction qui s'en est suivie. Et même aujourd'hui, certains continuent d'entretenir cette soif de pouvoir au détriment des autres. De cela vous avez été témoin. Et vous avez porté cette impuissance qui vous a fait souffrir. C'est pour ça que vous avez tant cherché cette vérité au fond de vous et que vous êtes capable maintenant de la reconnaître. Est-ce que cela vous rassure et vous satisfait?

Paul: Oui. Si je comprends, je suis sur la bonne voie en laissant l'Église de côté?

François: Effectivement.

Paul: Maintenant, au sujet de Marie, avec tout le respect que je lui dois, pour moi l'Immaculée Conception, la virginité avant et pendant et après, – je n'ai jamais pu accepter ça.

François: Bien sûr, et vous avez entièrement raison encore. Marie a engendré Jésus…

Paul: Et pour ce qui regarde sa virginité: je me disais que ma mère avait engendré dans la douleur…

François: Ce fut ainsi également pour Marie. Ça a été faussé, voyez-vous. En se référant à des livres de théologie, il est toujours essentiel de conserver son discernement dans tout cela et de faire confiance à ce que vous sentez intérieurement. Car plusieurs livres actuels vous dévient encore de la vérité. Il est déplorable que vous ayez été trompé et éloigné de cette vérité.

Paul: Et je n'ai pas besoin de cette religion-là?

François: Aucunement.

Paul: Mais quand je prie…

François: Écoutez-bien ceci: le temple le plus sacré auquel vous devez référer se trouve en vous-même.

Paul: Ah oui! Je suis prêt à assumer mon destin en m'appuyant sur ma seule expérience intérieure; sortir de ce triste passé et trouver ma réponse, vivre selon ma conscience, ma nature divine, allant spontanément vers la source éternelle de tout – Dieu qui nous habite tant que nous sommes et qui habite toutes choses.

François: Vous êtes Dieu, chère âme… Vous n'avez qu'à écouter votre conscience, à puiser à l'intérieur de votre cœur pour y trouver le réconfort.

Paul: Merci, ça m'aide beaucoup. Maintenant, je connais de grands théologiens; comment se fait-il qu'ils ne voient pas, qu'ils ne cherchent pas à voir?

François: C'est qu'ils sont pris dans un système, cher ami, et qu'ils ne veulent pas le remettre en question, ils ne veulent pas perdre le pouvoir.

Paul: Donc, ils ne peuvent m'éclairer?

François: Non, ils ne peuvent pas t'éclairer…

Paul: Eh bien, c'est tout ce que je voulais savoir. Je vous remercie, Dom François, tout ce que vous m'avez dit m'a grandement aidé et consolé. Merci!

François: Mon ami, mon cœur est toujours avec toi. Je t'apporte ma bénédiction, mon amour, mon amitié. Je t'apporte la paix du cœur. Beaucoup de joie de vivre. Et quoi qu'il en soit, choisis d'être heureux : tu en as le pouvoir !

(Le groupe est ensuite revenu.)

P.: François, j'aimerais maintenant poser quelques questions finales au sujet de Jésus[106].

François: Très bien !

P.: Vous me confirmez que Jésus n'est pas mort sur une croix ?

François: Tout à fait.

P.: Et non seulement il n'est pas mort sur une croix, mais il ne fut même pas crucifié ?

François: C'est bien cela !

P.: Et pendant sa vie, il a effectué des miracles ?

François: Que si ! il était un grand guérisseur.

P.: Bon, un grand guérisseur.

François: Il a prêché une philosophie…

P.: D'amour.

François: … d'amour.

P.: Et il a œuvré jusqu'à environ 35 ans, après quoi il est parti pour l'Inde, où il est finalement décédé, à Srinagar précisément ?

François: Bien sûr.

P.: Il était avec une compagne, je pense ?

François: Effectivement.

P.: Bon. Il avait aussi des frères et des sœurs ?

---

106. En raison de l'importance des révélations suivantes, je les ai placées dans un encadré.

François : Tout à fait.

P. : Et dans une vie antérieure, qui avait-il été ?

François : Il a été, sachez bien, un maître, mais qui a expérimenté sur d'autres plans.

P. : Une sorte d'Atlante supérieur, en somme. Et en devenant Jésus, c'était sa première incarnation ?

François : Justement.

P. : Bon. N'aviez-vous pas dit qu'un jour on découvrirait, dans de vieux textes préservés au fond d'un monastère, les faits réels touchant la vie de Jésus ?

François : Ah ! que si ! C'est à la veille de se faire.

P. : Après la grande purification ?

François : Exactement. Il y aura, comme je vous l'ai dit, des changements majeurs dans l'Église comme ailleurs : lorsque le nettoyage sera fait, la vérité resurgira.

P. : Maintenant, François, une question reliée à la souffrance (supposée) de Jésus : Jésus n'étant pas crucifié, comment se fait-il que lorsque vous étiez sur terre, vous ayez porté des stigmates qui évoquaient ou imitaient les supposées plaies d'un Jésus crucifié ?

François : Sachez bien ceci. Avec la compréhension que j'avais, je croyais profondément qu'il fallait souffrir. Donc, mon corps a transmis ces stigmates.

P. : Comme symbole d'amour ?

François : Voilà. Je pensais qu'il fallait souffrir pour aimer !

P. : C'était la façon de penser de toute la chrétienté, d'ailleurs.

François : Effectivement – qu'il fallait se mortifier au nom de Dieu, mortifier son corps.

P. : C'était par une sorte d'identification avec la figure supposément souffrante de Jésus, que des plaies se sont imprégnées dans votre chair ?

François : Effectivement.

P. : Mais ce n'est pas comme tel un signe de sainteté ou de haute spiritualité ?

François : Nullement. C'est l'amour seul qui compte. Voyez qu'à travers mes expériences, ma conscience a fini par voir qu'on n'a pas besoin de souffrir pour être près du divin. Car nous sommes tous divins d'avance, sans avoir à souffrir.

P. : Il faut même arrêter de souffrir, comme l'enseignait le Bouddha.

François : Voilà.

P. : Et voir comment la souffrance indique des blocages, des résistances, qui empêchent d'avancer.

François : C'est bien cela.

P. : La souffrance est un signe qu'il y a blocage quelque part.

François : Voilà. La plupart des âmes sont programmées à souffrir pour être heureuses, et cela se transmet d'une génération à une autre.

P. : Parce qu'elles le veulent bien.

François : Bien sûr. Elles ne sont pas obligées, elles choisissent cette situation. Cela ne se transmet pas automatiquement ; on choisit de transférer d'une vie à l'autre une tendance, une croyance. Alors qu'en réalité, nous sommes tous faits pour le bonheur et la joie, que personne n'est jugé, tous étant aimés absolument, inconditionnellement. Nous faisons partie de l'ensemble qui est amour et qui n'est que cela.

Avec ces mises au point sur l'Église, on peut dire d'elle que nos amis de l'au-delà l'ont rasée de fond en comble! On nous apprend en effet qu'il n'y a jamais eu de naissance virginale (de Sainte Vierge), de crucifixion suivie d'une mort en croix et d'une résurrection, et que Jésus est décédé naturellement en Inde. Leur témoignage nous confirme du même coup qu'il n'y a jamais eu de fondement à un saint suaire de Turin, à un salut par la souffrance, que le sacrifice en vue d'apaiser une colère divine est purement inventé, qu'il n'y a jamais eu de présence de Jésus dans l'hostie (l'eucharistie et la messe), pas plus qu'il n'y a de jugement ou de punition après la mort.

Cela signifie également que les fameuses œuvres religieuses – celles de Vinci (*La Dernière Cène*), de Michel-Ange (en particulier son *Jugement dernier* de la chapelle Sixtine), tout comme la surabondance de Golgotha, de messes et de *Stabat Mater* – retrouvent leur vrai visage: c'étaient des œuvres fondées sur de fausses croyances, sur des mythes tout simplement, comme ceux de la religion gréco-romaine et de toutes les croyances «païennes».

En effet, le message des compagnons du ciel est simple et clair. Il nous dit que tout se trouve en chacun, sans qu'on ait besoin d'une révélation écrite. Que chacun est déjà animé par la Source de tout amour, car tout y est contenu. Nous sommes d'avance et pour toujours aimés sans condition, nous sommes venus sur terre pour apprendre à nous aimer mutuellement. C'est à chacun de pardonner aux autres comme à lui-même, car il n'y a pas de faute qui empêche de croître ou qui nous exclut de la Lumière; on peut donc toujours se reprendre puisque la vie est infinie. Finalement, ils nous répètent souvent que nous sommes tous liés entre

NOUS, QUE NOUS APPARTENONS À L'ENSEMBLE DE TOUS LES ÊTRES, JUSTEMENT PARCE QU'EN NOUS SE TROUVE LA SOURCE DE TOUTES CHOSES — LE POTENTIEL D'UN AMOUR INFINI.

SOMMAIRE